重点公共政策决策咨询学习与借鉴

赵昌军　主编

·北京·

图书在版编目（CIP）数据

重点公共政策决策咨询学习与借鉴／赵昌军主编．
北京：中国经济出版社，2018.6（2024.1 重印）
ISBN 978－7－5136－5017－5

Ⅰ.①重… Ⅱ.①赵… Ⅲ.①公共政策—政策分析 Ⅳ.①D035－01

中国版本图书馆 CIP 数据核字（2017）第 302477 号

责任编辑　邓媛媛
责任印制　巢新强
封面设计　任燕飞工作室

出版发行　中国经济出版社
印 刷 者　大连图腾彩色印刷有限公司
经 销 者　各地新华书店
开　　本　710mm×1000mm　1/16
印　　张　16
字　　数　200 千字
版　　次　2018 年 6 月第 1 版
印　　次　2024 年 1 月第 2 次
定　　价　55.00 元
广告经营许可证　京西工商广字第 8179 号

中国经济出版社　**网址** www.economyph.com　**社址** 北京市东城区安定门外大街 58 号　**邮编** 100011
本版图书如存在印装质量问题，请与本社销售中心联系调换（联系电话：010－57512564）

出版说明

山东省人民政府研究室，主要负责组织或参与经济社会改革发展重大问题的调查研究、文稿起草和决策咨询。具体包括：负责起草《政府工作报告》和山东省政府领导重要讲话；组织或协调有关方面起草、修改山东省政府有关重要文件；参与有关重要会议的文件起草工作；参与有关政务活动；研究分析国内外经济形势和主要国家经济社会发展的重要信息、动态，为山东省政府决策提供参考依据；组织、协调山东省政府系统的调查研究工作；承办中共山东省委、省政府交办的其他事项。

近年来，山东省人民政府研究室在省委、省政府的坚强领导下，紧紧围绕山东经济社会改革发展中的重大问题和热点、难点问题，理论联系实际，深入调查研究，组织完成了一批具有较高政策价值和较大社会影响力的研究成果，推动形成了一系列经济社会发展的新政策、新举措，对服务省委、省政府民主科学决策、奋力开创新时代现代化强省建设新局面发挥了积极的作用。为了进一步加强调研成果的交流应用，发挥更大的社会作用，更好地服务经济社会改革发展，山东省人民政府研究室从近几年牵头或为主完成的可以公开发表的调研课题中，选出部分优秀成果结集出版发行。

这些成果的调研和形成，得到了省直部门、各市县政府办公室和研究室的大力支持和密切配合。在此，一并表示诚挚感谢！

山东省人民政府研究室

目录

美国重点公共政策决策咨询研究与思考

——赴美“重点公共政策决策咨询研究”培训报告

山东省政府研究室系统赴美培训团

为进一步提高全省政府研究室系统决策咨询服务能力，2016年9月5日至9月25日，省政府研究室组织省、市政府研究室共17人赴美国开展“重点公共政策决策咨询研究”培训。全体学员严格执行外事纪律，自觉遵守培训规定，专心学习，认真思考，深入研讨，圆满地完成了学习培训任务。现将有关情况报告如下。

一、学习培训基本情况

本次培训是省政府研究室首次组织赴美培训。省政府领导同志对这次培训活动高度重视，省委常委、常务副省长孙伟同志批示：“要严格执行因公出国培训的有关规定，同时要确保安全，注重学习实效。”副省长夏耕同志在2015年全省政府研究室系统赴德培训团出访报告上批示：“这个培训报告内容详实，整体反映了德国经济社会发展的重点领域的主要经验做法，对我省的发展尤其是‘十三五’规划的编制具有参照借鉴作用，对形成一个科学务实的发展理念具有积极的意义。可见，此次省政府研究室的赴德考察培训十分成功，明年可再选定专题和国家（地区）举办类似的活动。”出行前，省政府研究室召开集中培训会议，党组书记、主任刘险峰同志要求大家严守纪律、确保安全、加强团结、务求实效。省纪委、省外办、省安全厅、省外专局等有关部门，就外事纪律、出访安全、注意事项等方面进行了专题辅导。

在美培训期间，全体团员在巴尔的摩大学、纽约大学等地，听取了有关教授和实务部门官员所作的关于美国公共政策决策过程及影响评估、公共政策决策咨询制度、智库运行机制及影响政府决策的方法与途径、公共政策咨询研究的质量管理等专题报告；拜访了联邦农业部、司法部、国家公共广播电台、马里兰州议会和州政府、巴尔的摩市政府、纽约市政府等机构，围绕在公共政策制定与决策过程中的利益平衡、新媒体对公共决策制定的影响、重大议案的投票公开与公众监督、重大议案决策过程的效率，以及美国经济社会发展中的重大公共政策制定等问题进行了深入的探讨；实地考察了卡托研究所、普林斯顿大学、哥伦比亚大学以及巴尔的摩最大的垃圾处理厂、污水处理厂、自来水厂等机构和企业，与相关负责人和专家围绕智库建设运行、生态环境保护等问题进行了座谈交流。

大家普遍反映，这次培训主题突出、内容新颖、行程紧凑、效果明显、收获颇丰。主要有以下几个特点：

一是形式灵活多样。此次培训精心安排了不同领域的专家学者授课，既有大学教授，又有政府部门高级官员，还有智库和社会组织工作者，授课专家均是各自专业领域的权威人士。授课专家严谨细致、准备充分，以开阔的思路、新颖的内容、发散的思维，从不同角度向我们展示了美国公共政策决策原理和过程，使大家有了更直观也更理性的认识。培训形式上，专题讲座与实地考察相结合，理论讲解与案例分析相结合，既生动活泼又严谨细致，有效地提升了培训的效果。大家都十分珍惜这次培训机会，认真听讲，深入思考，踊跃提问，热烈讨论，碰撞了一个又一个思想火花，圆满地完成了各项培训任务。用一位美国教授的话说，他自己也从与中国考察团成员的交流讨论中，更进一步地了解了中国发展的实际情况。

二是参访高端高效。培训考察参访的政府机构、企业、社区层次较高，如拜访的政府机构，既有农业部、司法部等联邦政府部门，也有马里兰州政府、州议会等州一级机构，还有巴尔的摩、纽约等地方政府；智库机构既有卡托研究所等独立型智库，也有普林斯顿大学、哥伦比亚大学等高校智库。参访单位高度重视考察团一行，精心选取考察点，安排专业技术人员和项目负责人详细介绍情况。例如，农业部植物品种办公室负责人 Paul M. Zankowski 先生，为考察团介绍了美国农业农药肥料残留、种质资源保护和创新、转基因作物、农产品补贴、耕地轮休、农业保险等政策制定过程。在马里兰州议会，大家全程体验了当地公共政策决策听证和辩论的过程。参访纽约市青年事业发展部期间，负责人 Andrew Miller 先生详细地介绍了通过政府购买服务加强青少年管理的有关情况。

三是成效丰富显著。培训紧扣“重点公共政策决策咨询”这一主题，课时安排科学，课程设置丰富。培训团同志们对美国联邦、州和地方政府公共政策制定与运行过程进行了全面了解，对美国公共政策决策咨询机构制度建设、运行机制，以及如何影响政府决策进行了重点学习，对教育、农业、环保、医疗等重点领域公共政策决策过程及利益博弈进行了案例剖析，对相关智库和政府部门进行了实地考察。从总体上来看，培训安排针对性强、涵盖面广、含金量高，较系统地展现了美国公共政策决策咨询的概况，整个培训收到了务实高效的良好效果。

四是组织保障有力。培训团把纪律挺在前面，严守中央关于出国培训各项制度规定。为做好组织保障工作，我们对整个团组的组织架构进行了周密的安排，配备团长 1 名，副团长 2 名，秘书长 1 名，而且成立了临时党支部，在境外保持正常组织生活。为提高学习效果，分了四个学习小组，每周进行集体学习，交流心得体会。组成专门服务队伍，其中，翻译 1 名，学习委员 1 名，财务 1 名，联络员 1 名，后勤保障 1 名。按照外专局要求，按时登录境外监管系统填报培训日志。从总体上来看，出访团组架构健全，结构合理，管理严格，保障有力。

二、美国经济社会发展情况

（一）美国经济的基本表现

2008 年国际金融危机后，美国经济缓慢复苏。2011 年至 2015 年，国内生产总值实际增速维持在 2% 左右，2015 年增长 2.6%。在生产总值构成中，制造业比重始终维持在 12.1% 以上；建设业比重从 3.5% 提高到 4%；专业和商务服务业比重由 11.7% 提高到 12.2%；信息业、批发业、零售业比重基本稳定。同时，私有部门国内投资总体呈下降趋势。

自 2016 年以来，美国经济增长势头良好。第 3 季度，国内生产总值按年率计算增长2.9%，是两年来的最高增速，超过了此前很多经济学家增长2.6%的预测。因为美国经济第1季度仅增长0.8%，第2季度增长1.4%。第3季度的经济提速，主要得益个人消费支出、出口、私有部门库存投资、联邦政府支出和非住宅类固定资产投资等指标的增长。这些领域的增长部分抵消了住宅类固定资产投资和州、地方政府支出的消极表现。进口作为GDP计算的减量因素在扩大。同时，国内购买价格指数第3季度增长1.6%，个人消费支出价格指数增长1.4%，剔除食品和能源价格因素，个人消费支出价格指数增长1.7%。

公司盈利方面，来自现有生产的公司利润，2016年第1季度扭转了2015年下半年的下降趋势，增加660亿美元，但第2季度比第1季度减少125亿美元，环比下降0.6%。第2季度，国内金融类企

业的利润增加56亿美元，比第1季度少增加25亿美元；国内非金融类企业利润减少561亿美元，与第1季度增加269亿美元，形成了鲜明对比；海外收益增加375亿美元，而支出减少了5亿美元。从产业来看，第2季度，国内非金融业领域企业盈利季度环比，除了信息产业增长2%外，其他行业包括公用事业、制造业、批发业、零售

业、交通和物流业等均出现不同程度的下降，降幅最大的首先是公用事业，降低37.9%，其次是批发业，降低24.6%。

在中美贸易投资方面，根据美国经济分析局的数据，2015年美国对中国出口商品和服务1651亿美元，比2014年下降2.4%；从中国进口4992亿美元，比2014年增长3.2%，与中国的贸易赤字增加到3341亿美元，延续了自2009年以来的扩大趋势。2015年，美国对中国直接投资746亿美元，比2014年增长10.5%；中国对美国直接投资148亿美元，比2014年增长50.6%。培训团成员考察美国本地商场时发现，大量日常生活用品和电子产品，都是在中国制造的，很多工厂直营店的名牌商品，一半以上来自中国。但是，中国制造的产品，多是初级产品，没有自主品牌，品牌和设计多由国外企业控制。此外，食品和药品领域，在美国几乎看不到中国产品。很多名牌产品与国内比较，存在较大的价格差，中国人在美购物需求旺盛。

（二）美国促进经济发展的主要做法

自20世纪90年代以来，美国在信息技术革命推动下进入了信息经济和知识经济时代，以信息技术产业为代表的高新技术产业成为主导产业，传统的农业、制造业、服务业也全面高新技术化。自2008年以来，为推动经济复苏，美国联邦政府、各州和地方政府都采取了一系列措施，提高创新能力，加快新技术商业化，改善产品和服务，取得了明显成效。

美国政府对农业高度重视。尽管农业增加值占GDP的比重，自2000年以来一直维持在1%左右，但联邦政府设有规模庞大的农业部，对农业实施从田间到餐桌的全方位监管和服务。联邦政府农业部在各州都设有办公室，许多项目通过与各州、市、县农业部门合作来实施。其海外农业服务局在美国境外设有59个驻外机构，同世界上130多个国家和地区保持密切联系。在美国，强制推广耕地休耕制度，每年都有一定比例的耕地轮休，政府根据政策目标对农民给予补助。耕地休耕制度一方面既解决了粮食生产过剩问题，维护了美国农业生产和农民利益；另一方面也使耕地土壤肥力得到了较好的恢复，从而减少化肥大量使用。

美国通过复兴制造业推动经济缓慢复苏。自进入21世纪以来，在经过几十年的稳定增长后，美国制造业就业岗位减少30%以上，制造业增加值占世界总量的比重由20世纪50年代初的近40%，跌落至2013年的17.4%，在发达国家中排名倒数第二。针对制造业给美国经济带来的危机，奥巴马政府提出再工业化战略，出台实施一系列制造业复兴的战略和政策，明确提出制造业回流、五年出口倍增、降低失业率等目标。2014年10月16日，《美国制造业复兴和创新法案》生效。经过近几年的努力，制造业已成为美国经济复苏的重要支撑。

推动制造业复兴的主要做法，是建立国家制造业创新网络（the National Network for Manufacturing Innovation，NNMI）。该网络又称为“制造美国”（Manufacturing USA），由商务部国家标准和技术局下属的先进制造业办公室负责运营。先进制造业办公室，作为统筹推进国家先进制造业政策落实的机构，与国防部、能源部，国家自然科学基金会、教育部和农业部等部门和机构保持密切的合作关系。该网络运转 4 年来，已有 9 家制造业创新机构成立或者宣布成立，2017 年计划再成立 6 家。这些机构采取公私合作模式，每个机构都有不同的技术关注领域，合作者来自产业界、学术界和政府机构。他们的共同目标是通过制造业创新、教育和合作，应对先进制造业发展带来的产业挑战，谋求未来美国发展优势。通过动员协调各方面的资源，制造业创新网络加快了制造业领域的技术转移，帮助很多公司克服了新技术、新产品规模化生产的各种技术障碍。

同时，各州也在大力改善营商环境，加强产学研合作，推动重点产业发展。例如，弗吉尼亚州通过实施 17 项经济发展激励政策，包括设立（州）联邦机会基金、经济发展奖励补助金、州长农业林业发展基金、烟草地区机会基金，建立特定的企业区、技术区、外贸区、国防产品区，以及各种税收优惠政策，推动生命科学、信息技术、数据中心、自动化、食品加工、塑料及高级材料、航空航天、能源、总部经济等重点产业发展。政府的激励政策，涵盖了从投资者创业到企业国际化成长的各个阶段。每个产业领域的相关投资者，都可以在专门的“激励政策”网站找到需要的政策帮助。

马里兰州的产业优势，主要体现在生命科学、网络安全、航空航天、国防和制造业等方面。为促进这些产业发展，州政府 2016 年 10 月成立了新的官方机构——商务部。州商务部的主要任务是留住并支持本地企业发展壮大，并吸引世界其他地区优秀企业到马里兰州发展。在商务部领导下，原来促进经济发展的一系列政策得到有效整合。最为典型的是马里兰经济发展委员会出台《加速马里兰经济发展的战略规划》，明确了发展目标和具体政策。

分析近年来美国促进制造业和经济发展的政策，主要有以下几个特征：

一是突出创新引领。创新意味新产品、新流程和新服务的发明、改进和商业化，是美国竞争力维持、就业与福利增长、经济长期发展的原动力。联邦商务部2014—2018财年战略规划指出，在美国有一半的经济活动，可以归因科学、技术和商业流程的进步。为增强创新活力，该规划提出推动制造业复兴和新技术发展，大力发展数字经济，完善创新生态系统。

二是注重先进制造业对经济发展全局的带动作用。美国之所以重视制造业，不仅和就业有关，更重要的是制造业是推动科技发展的重要源泉。创新始于应用型研究过程中新思想的产生，以及新思想在制造业领域大规模的实践。在制造业中积累的经验和知识，又会导致新想法的产生，并开始新一轮的创新。发展制造业还有乘数效应，先进制造业领域每增加1个就业岗位，就会在制造业部门之外创造超过3个就业岗位。而且制造业工人的收入比较高，2014年平均收入79553美元，明显高于全国64204美元的平均水平。此外，制造业每增加1美元的投入，可以在其他经济领域带动1.8美元的投入。

三是重视教育、科技、产业和政府资源的整合，特别是政产学研平台的搭建。这是政府推动经济发展的主要抓手。国家制造业创新网络中的先进制造业机构，就是推动政府、学界、私有部门合作，沟通不同人群、想法和产业的重要平台，各类机构成员合计总量目前已有800多个。各州政府也设立了很多公私合作的产学研平台，通过最大限度地整合联邦政府计划、高校、科研、社区等资源，为投资者在本地创业和本地企业发展壮大创造条件和机会。

四是政府采用市场化的手段引导经济发展。联邦和州政府都设有很多基金，这些基金是政府激励政策发挥作用的重要推动力量。

例如，目前的先进制造业机构，通常是借助国防部或农业部的种子基金，并联合非联邦性质的基金成立的。在国家制造业创新网络中，5亿美元的联邦投入，已带动10亿美元的非联邦资金投入。

五是多种途径强化劳动力培训。发展先进制造业，需要大量技术能力匹配的劳动力。联邦商务部坚持“就业导向”的培训原则，通过与私有部门和学术机构合作，支持各种培养“定向工人”的做法。同时，通过与劳工部、教育部共享政策信息和补助信息，使技术培训和获得职业有机衔接起来。在地方，也有很多非营利性机构，通过整合教育和产业资源，提供各种职业培训。

（三）美国社会民生基本政策

教育方面。美国是世界公认的教育强国。通过与相关专家深入交流，我们了解美国教育发达主要得益以下几点：

一是完善的四级教育学制。美国教育实行单轨制，公民无论性别、民族、宗教信仰等都享有平等受教育权。学校教育分学前、初等、中等、高等四级。学前教育招收3~6岁儿童，分保育学校和幼儿园两个阶段。初等、中等教育是义务教育，各州义务教育年限9~

12 年不等。中学以综合中学为主，也有单独设立的普通中学、职业学校、特科中学和其他中学。高等教育分两年制的社区学院、技术学院以及四年制的文理学院、综合性大学。

二是庞大的公立学校系统。中小学教育分公立、私立两个系统，以公立系统为主。全美约有 98800 所公立学校，30900 所私立学校。公立学校经费由政府税收保障，学生就近免费入学。有资料显示，公立学校经费 48% 来自州政府、43% 来自地方政府、9% 来自联邦政府，约九成学生在公立学校就读。

三是领先的高等教育水平。根据联合国经济指数的调查，美国高等教育水平是当之无愧的世界第一，世界前 20 强高校 17 所来自美国，前 500 强美国拥有 168 个席位。

四是独特的教育行政体制。学校教育管理责任由各州负主要责任，地方承担具体责任，联邦教育部主要制定政策法案，无权管理学校，与各州、地方教育部门也不存在隶属关系。公立学校按照学区由学区委员会管理，学区委员会成员由民众选举产生以确保其独立性。当然也有例外，如纽约市，为管理全市五区约 1800 所公立学校、110 万名学生，设立了单独的教育部。

就业方面。自 2008 年金融危机以来，美国经济持续低迷，失业率连续攀升，最高达 2009 年 10 月的 10.8%。为复苏经济、增加就业，美国政府采取了一系列措施：

一是实施经济刺激方案。2009 年颁布《美国复苏与再投资法案》，启动总额为 7870 亿美元旨在创造 400 万个就业岗位的经济刺激计划，包括加大对基础设施、医疗、教育、新能源和节能领域的投资力度，以及 2883 亿美元的减税和税收直接支出。

二是实施就业促进法案。2010 年实施总额为 150 亿美元的《就业促进法案》，为雇用新员工的雇主提供税收优惠。

三是实施失业救助法案。2010 年推出总额为 1490 亿美元的《失业救助法案》，用于延长失业保险、失业者医疗保险，以及多项减税措施。

通过采取这些措施，美国失业率稳步降低，据劳工部最新统计，2016 年 9 月失业率为 5.0%，就业率为 59.8%。《全美就业报告》显示，9 月私营部门就业人数增加 15.4 万，增幅为 4 月以来最低，有专家指出这表明经济终于重新回到充分就业的状态。

在收入分配方面。美国是贫富差距最显著的发达国家，一般发达国家的基尼指数在 0.24 ~0.36，而自 2000 年以来，美国的基尼系数始终在 0.43 ~0.47 徘徊。为缩小贫富差距，美国建立了特色鲜明的三次收入分配运行机制。在初次分配中，依靠市场机制发挥主导作用，政府仅通过反垄断制裁、最低工资制度等举措实施有限干预。在二次分配中，主要以税收、公共支出等为杠杆进行调节。以税收调节为例，形成了以个人所得税为主，遗产税、赠与税、个人财产税、个人消费税、社会保障税等为辅的税收调节体系，各类税种相辅相成、相得益彰。其中，个人所得税的调节作用最显著，一方面，对高收入纳税人设置应纳税所得额上限，达上限全额适用最高一级的边际税率；另一方面，对中低收入家庭给予低税率、抵税福利等优惠。有统计显示，美国前0.1%、前1%、前20%的富人所缴纳的个人所得税分别占总额的20%、44%、87%；而由于能够得到各种补贴，底层超过40%的纳税人，最终实际是从联邦政府拿钱的。在第三次分配中，政府通过采取税收优惠引导企业、个人开展慈善捐赠来调节收入差距，企业捐赠可获15%的税前抵扣，个人捐赠现金部分可享30%～50%的税前抵扣，而个人遗产捐赠则100%税前扣除。据统计，美国每年慈善捐赠约占GDP的2%，70%以上家庭捐助慈善事业，平均每位美国人要拿出年收入的4%用于捐赠。

在社会保障方面。1935年颁布的《社会保障法》奠定了美国的社会保障体系。经过80多年的发展，形成了包括社会保险、社会福利、社会救济在内的社会保障体系。

一是社会保险。由政府通过立法强制实施，项目涵盖养老、医疗、失业、残疾、工伤与职业病保险等，保费主要由个人和雇主承担，政府在主要保险项目上提供适当的补助。以美国联邦养老保险为例，平均替代率（新退休人员的平均养老金与同年度在职职工的平均工资收入之比）只有42%，由于政府给了部分补贴，低收入者替代率能够达60%，而高收入者替代率仅有28%。

二是社会福利和社会救济。由联邦或州政府出资，对低收入群体、丧失劳动能力的群体、有未成年子女的贫困家庭、失业两年以上的群体进行经济补助，主要包括现金补贴、食品券、住房补贴、医疗补贴等，以保障其基本生活。

三是商业保险。美国商业保险十分发达，商业保险公司等金融机构承办私人团体年金、医疗保险和个人储蓄计划等业务，政府则对其保费投资收入实施免税鼓励。据专家估计，为此美国政府每年会减少上千亿美元的税收收入。但从总体上来看，美国社会保障制度强调权利与义务统一，强调受益群体主要为弱势群体，政府社保支出有限，整体保障水平不高。

三、美国公共政策的制定与运行

当今美国政府，已从过去仅仅承担国防、治安、征税等有限职能的“守夜人政府”，变成一个规模巨大、触角无处不在的庞大组织。政府越来越习惯运用各类公共政策处理复杂多样的经济社会问题，公共政策深刻影响和塑造美国社会。

（一）美国公共政策的特点

作为联邦制国家，美国联邦与州在宪法上划分了各自的权力界限，除了联邦政府承担的少数职能外，大部分政府职能由州和地方政府承担。但是，随着社会事务复杂多样，联邦与州政府的权力都有不同程度的扩张。就某一具体问题，联邦与州政府可能都自行制定政策，政策之间的冲突和不协调现象并不罕见。即便在联邦政府内部，不同部门之间也存在政策冲突现象，如美国医院管理局在劝诫公民不要吸烟的同时，农业部却在资助烟草种植业。同样，由于各州自治程度较高，同一问题在各州会有不同的政策。比如，枪械管控，各州关于枪械销售、购买和使用的政策不尽相同，由此造成从一个州购买而到另一个州使用枪支的现象。

经济社会结构的多元化，对美国公共政策影响非常大。美国是一个移民国家，种族、宗教信仰、文化多元化程度之高令人惊奇。多少年来，无数人漂洋过海，从世界各大洲来到美国。他们操着各种语言，代表世界上各个民族、各种肤色和宗教。今天的美国，爱尔兰后裔比在爱尔兰的爱尔兰人还要多；犹太后裔比以色列的犹太人还要多；美国黑人的数目超过大多数非洲国家的人口。波兰大多数主要城市的人口都赶不上美国底特律一地的波兰后裔，而纽约市的意大利后裔则是威尼斯人口的两倍。[①] 根植这一多元化社会结构，从教育、医疗、住房到经济、税收、能源、环境等领域，决策者需要充分考虑不同群体的诉求，平衡不同种族、宗教、文化冲突。仔细分析美国一些公共政策，会发现其中包含互相冲突的各种因素以及为此所做的政策平衡。比如，为扶持弱势的少数族裔，联邦通信委员会在核发广播电视从业执照时，曾把种族因素作为加分项目，以增加少数种族企业获得执照的机会。与此类似，不少地方在教育、商业等领域也采取类似政策，积极扶持少数种族。比如：一些公立大学增加少数族裔学生录取计划；弗吉尼亚州里士满市政府曾提出一项“利用少数种族企业计划”，要求该市建筑承包业至少要把30%的合同分包给少数族裔企业；等等。但这些保护少数族裔的政策都曾引发巨大争议，有些甚至被法院裁定违反宪法平等保护原则而被撤销。许多公共政策就是各种利益、文化冲突的产物，而且在这种冲突中不断地加以调整完善。

① ［美］托马斯·索威尔：《美国种族简史》，沈宗美译，中信出版社2011年版，第4页。

法律和规则，对政府决策有根本影响。在美国，政府的主要职责是执行国会制定的法律。但是，国会制定的法律通常较为笼统和抽象，有时仅仅为政府施政设定了方向和目标，需要政府在行政管理过程中根据不断变化的实践进一步细化。而且，由于经济社会事务日益繁杂，仅仅依靠国会制定的法律已不足敷用，政府越来越多地承担起一定范围内的制定并执行规则的职能，特别是在其擅长的专业领域更是如此，如反托拉斯、环境保护等。

政府制定的政策，主要表现为相对规范的各种规则，从制定程序到体例、格式等都有较严格的限制，有些甚至接近国会立法的标准。正是在这个意义上而言，有人指出“规则是政策的外衣”①，换言之，政策内容通常都是以规则的形式来表现。例如，环境保护政策表现为不同时期国会和政府制定各类法律、政府法令等，且以政府法令为主。这些环保政策的制定须遵循严格程序，一般需经过动议、提出草案、听取意见、审查、公布等步骤，并最终被编入联邦法规大典（ Code of Federal Regulations）。此外，一项政策动议前，首先需要评估制定该项政策的必要性。只有当某一领域或某一事项出现什么问题，且这一问题只能通过政府公共政策才能解决时，制定政策才是必要的。这一机制为政府频频扩张的冲动设置了一道“防火墙”，也有效地维持了公共政策的稳定性，只要旧政策还起作用就不再启动新的政策。

（二）公共政策制定程序

1946年实施的《联邦行政程序法》是政府制定公共政策的基本遵循。该法明确规定，凡是制定出台“普遍适用于专门事项的、对

① Colin Diver, “Regulatory Precision”, in Making Regulatory Policy, ed. Keith Hawkins and John Thomas. University of Pittsburgh Press, 1989, P. 199.

未来有拘束力的文件”都要受《联邦行政程序法》的约束，包括批准或规定未来的收费标准、工资、法人体制或财经体制及其改革、价格、设施、器具、服务费或津贴费，包括批准或规定财产估价、成本费用、记账以及与上述各项相关的活动等。当然，《联邦行政程序法》不是制定公共政策的唯一遵循，其他法律法规以及历史惯例都为公共政策制定提供了有效的依据。实践中，一项公共政策从制定到出台通常须经过以下程序：

1. 政策动议

经济社会发展中会产生大量形形色色的问题，但只有一部分问题会引起决策者关注并被纳入政府决策议程。哪些问题被纳入决策议程的影响因素很多，如问题的影响范围与程度。受这一问题影响的人越多、影响程度越深，越有可能被提上决策议程。再如，解决这一问题的技术可行性。如果解决某一问题技术上不可行，将不会被提上决策议程。另外，很重要的一点是作为信奉自由市场的国家，由政府来解决经济社会中的问题并不是优先选项。某一问题只有通过政府政策才能解决时，这一问题才会被纳入公共政策范围。

从动议来源来看，促使政府制定政策的起因有多种，如法律授权，即法律已明确要求政府就某一事项制定政策。再如公民诉求，任何人均可向政府部门提出制定政策的意愿。又如重大公共事件，最典型的例子就是发生在20世纪40年代洛杉矶的光化学烟雾事件，不仅直接催生了《清洁空气法》的诞生，而且推动了美国环境保护领域一系列重大公共政策的变革。

2. 必要性评估

拟制定的政策动议应在联邦公告（Federal Register）中公布①，

① 官网详见：https：//www. federalregister. gov。

内容包括制定政策的机构、时间、地点与性质；拟制定政策的法律依据；拟制定政策的主要内容或涉及事项的描述等。任何人均可对政策制定动议提出任何意见建议。一般而言，评估某项公共政策必要性的标准主要有：(1) 政策目的是否清晰；(2) 制定政策是否为了解决特定的事件、问题和需求；(3) 制定政策对解决特定的事件、问题和需求是否有影响；(4) 在解决特定的事件、问题和需求时，该项政策是否有独一无二的作用；(5) 对解决特定的事件、问题和需求，该政策的设计是否最理想。对某一部门而言，可能同时提出若干政策动议，为此，大部分政府部门都有政策规划并设定了政策制定的优先等级。例如，联邦航空管理局将拟制定的政策设置为 A、B、C 三个等级，等级设定由其内设的、由局长和若干高级官员组成的规则审查小组确定。进行完必要性评估后，须履行必要的批准手续，经制定政策部门的行政首长或专门机构批准，一项政策动议才能正式进入制定环节。

3. 制定政策

在美国，政策草案来源十分广泛，在某种程度上而言，任何人都可以参与政策制定。但真正有影响的、起决定性作用的不外乎以下四类主体：一是政府部门及有关公共机构，这是政策制定的中心。即使政策动议可能来自其他方面，但政策草案的形成最主要来自政府机构。二是各类智库。智库对美国公共政策影响很大，布鲁金斯学会、美国企业家协会、传统基金会、兰德公司等智库都发挥了十分重要的作用，甚至在尼克松、福特和里根执政时期，布鲁金斯学会曾被称作“在野的民主党”，联邦政府许多政策都出自其手。政府通过合同与智库合作，大到发展战略、小到某一具体政策草案，智库为政府决策提供了非常广泛而有效的服务。三是利益集团。美国公共政策领域有所谓“铁三角”之说，即国会、利益集团、政府构成的特殊关系链，利益集团游说国会及政府为其成员利益服务，而国会及政府也需要获得利益集团的资金、信息以及选票支持。利益集团不仅施加压力推动某些问题进入政策议程，而且也常常直接提供政策方案供政府选择。四是国会议员。国会议员历来在公共政策领域发挥重要影响，政府提出的重大政策需要国会批准，反过来，议员也可将其政策建议通过政府予以实施。

在政策制定过程中，制定者掌握多大范围的信息以及如何运用信息，对政策内容具有深刻影响。一般而言，政策制定过程中需要的信息包括以下五种：一是法律信息。政策制定者必须充分了解制定政策的法律依据、法律程序以及拟制定政策将来可能催生的新的法律规则与现有法律规则的关系。二是政策信息。涉及拟调整事项的各类政策，特别是总统、本部门在这一问题上的政策态度等。三是技术信息。涉及拟调整事项的各类指标、基本状况等信息，根据这些信息进行成本效益分析，以决定政策方案。四是政治信息。包括公众、政党等对某一事项的批评或赞成意见等。五是管理信息。

政策制定机构内部管理系统、运行程序等。①

4. 初审与公众评议

政策草案形成后，须在部门内部进行审查，由其上级主管及同级的其他机构进行复审，以确保政策的一致性与科学性。重大政策还需提交联邦政府管理与预算办公室（Office of Management and Budget）审查（联邦管理与预算办公室是总统行政办公室的最大机构，直接向总统负责），审查内容包括政策的必要性、科学性、合法性等。所有政策草案均须公布在联邦公告中，供社会公众评议。政府须为公众提供电子（在线）和物理途径，以保证公众能够便利地对有关政策草案提出意见建议。根据联邦行政令 12866 号，公众对政策草案评议期限为 60 天。重大政策事项，可以举行听证会，听取公众意见建议。为确保决策者能够认真听取公众意见，政府部门须对收到的公众评议意见进行审查分析，并将分析报告纳入政策文件序言部分，以表明政府采纳了哪些意见，没有采纳哪些意见，理由是什么。这是一项确保政府认真对待公众意见的重要且有效的机制。

5. 复审和通过

根据前一阶段审查与评议意见，制定机构对政策进行修改完善。重大政策修改完善后须再次提交联邦政府管理与预算办公室审查。然后，所有政策（不限于重大政策）均须提交国会两院和政府责任总署（Government Accountability Office，该机构为独立机构，为国会工作，负责审计联邦政府财政支出情况）审查，其中，重大政策至少需要 60 天才能审查结束。审查结束后，政策文本公布于联邦公告，不公布于联邦公告的政策不得生效。

需要指出的是在实践中，并非所有公共政策制定活动都按上述

---

① 参见［美］科尼利厄斯·M. 克温. 规则制定——政府部门如何制定法规与政策［M］. 上海：刘璟，张辉，丁洁译. 复旦大学出版社，2007 年版，第 160 页.

程序依次进行，一些细小或常规性政策的制定，可能与某些步骤同时展开，也可能省去一些步骤。但影响重大的公共政策的制定基本遵循上述程序。

（三）公共政策执行与评估

美国政府由大量且令人捉摸不定的机构组成，决定了政策执行主体的多元化。以联邦政府为例，除国务院、国防部、教育部、内政部、农业部、商务部等15个内阁组成部门之外，还有大量不隶属任何部门的独立行政机构，如环境保护署、国家航空航天局、联邦调查局、社会保障管理局等，它们负责各自领域的政策制定与执行，并直接向总统负责。还有一些不受总统控制的独立机构，如联邦贸易委员会、联邦能源管制委员会、消费者产品安全委员会等，同样承担政策制定与执行职能。另外，准行政机构如联邦储备委员会、国有公司如全国铁路客运公司也承担公共政策执行职能。在美国，大量私人公司承担公共服务职能，政府将一些公共服务如治安、监狱管理等，外包给企业和社会组织，公共职能私营化趋势值得关注。

从纵向角度来看，由于美国是联邦制国家，各州拥有相对独立的自治权，联邦政府要在全国推行某项政策，需要州和地方政府合作。最常见的模式是联邦政府提供资金支持，地方政府负责执行。例如，联邦政府曾出台一项政策，为家庭困难的上班族母亲提供日托服务，联邦政府将这一项目所需资金交付地方政府，然后由地方政府向开展日托业务的公司购买服务并提供给资助对象。当州政府与联邦政府由不同党派执掌时，联邦公共政策可能会遇到执行不力的问题。

政策评估是政策运行的重要一环，对改进政策、提高政策运行效益具有重要的作用。1993年美国国会通过的《政府绩效和结果法案》，提出对公共政策进行绩效评估。该法案要求联邦政府各部门必须制定战略规划、年度绩效计划和绩效与责任报告，绩效评估报告向联邦管理与预算办公室、国会和公众报告并接受监督。而且，还将绩效与预算编制结合起来，推行绩效预算制度。2003 年联邦政府颁布《政策规定绩效分析》，对预测和评价公共政策实施效果提出指导意见。当今美国，政策评估俨然成为一项重要产业，除政府部门自我评估之外，还有大量第三方组织开展评估，如利益团体、智库、私人咨询公司等。不少地方甚至都建立了自动化评估系统。例如，麻州在 2003 年即建立自动评估系统，用来监督和评估全州重大公共政策实施效果。评估环节包括事前可行性评估、事中进展评估和事后效果评估。评估方法主要有成本—效益分析法、成本—效果分析法，前者主要适用可以用货币量化的项目，后者适用收益无法货币化的项目。根据评估结果，政策可能会进行适当调整，一般而言，政策调整要比政策制定相对简单，程序相对简易。

四、美国智库的作用

美国是世界上智库最发达的国家，根据宾夕法尼亚大学 2016 年 1 月下旬公布的《2015 全球智库报告》显示，在全球 6846 家智库中，美国拥有 1835 家，稳居全球第一位；中国是世界第二智库大国，智库数量为 435 家，比去年增加了 6 家；英国和印度分别以 288 家和 280 家位居第三、四名。

在美国，智库以精准全面的分析研判、与政界广泛深入的联系以及在社会公众中的强大影响力，左右美国的政治、经济、社会、军事、外交、科技等方面的重大决策，以至于有学者将智库视为继立法、行政、司法之后的“第四种权力”。

（一）美国智库的特点

一是独立性。美国智库不属于政府组成部分，在性质上属于私营企业和公共部门之外的“第三部门”，在法律上属于独立社团法人，在功能上他们是社会公共议题的“大脑”。因为除独立于政府、政党、利益集团乃至大学之外，智库的研究更具有中立性和前瞻性。20世纪70年代以后，受资金来源和核心人员身份的影响，有些智库显示自己的党派色彩或者价值倾向。虽然有财团、政府、社会资金的资助，但无论是在体制上还是智库本身，都强调和努力维持自己的独立性，因为这是整个智库体系的基础。曾任美国兰德公司总裁的詹姆士·汤姆森说：“花钱雇我们的客户要准备接受这种可能，就是我们的研究结果同他们的政策不相符甚至相互冲突。雇用我们的客户应当重视我们研究的客观性，而不是指望我们告诉他们想要听的东西。”例如，为了确保独立性，1921年成立的对外关系委员会就坚持不与任何政府签订研究合同；布鲁金斯学会创始人罗伯特·布鲁金斯禁止任何董事会成员干预学会研究项目，并把提供客观独立的研究结果作为学会的最高优先权。

二是非营利性。美国智库大多数都是非营利性的，享有免税权。智库的经费来源主要有基金会、财团、企业和个人的捐赠，委托研究合同收入，书籍出版和学术会议所得的经营收入。其中，智库主要收入来源是社会捐赠和委托合同收入。以布鲁金斯学会为例，学会45%的收入来源为企业和个人的捐助，29%来自各种基金会的捐赠，7%来自出版物收入，4%来自政府委托收入。传统基金会的收入几乎全部来自基金会、企业和个人的捐赠，他们常以拥有超过10万捐助者而自豪。

三是专业性。美国智库的研究注重实际问题的解决方案，而不进行纯学术理论的研究。他们无一例外都重视对公共政策的专业性研究，提供高质量、专业性的研究成果。公共政策研究始终围绕十分现实的问题，如何使政府的决定和行动更合理并且更有效。为应对复杂的政策难题，找到最佳解决方案，美国智库大都重视研究人员的多学科背景，运用科学、理性的系统方法进行跨学科综合研究。例如，兰德公司主要运用经济学、数学、统计学等数量分析方法，围绕政策进行评估和预测。虽然有些智库有自己的价值倾向，但是他们的研究成果都有学术理论依据和严谨细致的研究支持，因此，智库的建议往往都会受到相当程度的重视。

（二）美国智库的作用

一是通过研究和分析，探求和形成新的政策主张。智库研究的目的，就是为了使其政策主张尽可能多地被政府采纳，以期新思想、新概念推动公共政策变革。美国传统基金会主任 Edwin 认为："要探究英国和美国政府某些政策的思想来源，人们首先不是把视线投向牛津和哈佛，而是伦敦经济事务研究所和美国传统基金会。" 1948年，美国布鲁金斯学会首先提出了具有跨时代影响力的、著名的"欧洲复兴计划"（马歇尔计划），最终被政府采纳，成为美国对外政策中最成功的案例之一。朝鲜战争前夕，兰德公司对战争进行评估，并预测一旦战争发生，“中国将出兵朝鲜”。但美国政府对此不屑一顾，因为根据当时形势判断，中国不敢冒然挑起新世界大战的危险，根本不可能出兵。然而，战争的发展和结局被兰德公司准确言中。战争结束后，五角大楼以200万美元买断了兰德公司这份报告。冷战时期，兰德公司几乎完全主导了美国的核战略及策划越南战争、谋划里根政府的“星球大战”计划等。再如，20世纪70年代初，传统基金会最早提出社会保障改革的建议，被认为是美国政治的“第三条道路”，最终成为美国社会的主流思想。

二是为政府提供全面、专业、可操作性的政策方案。美国智库独立性强，他们的工作不是给政府做背书或政策解读，而是针对政策提出具体可操作性的建议，有时对现行政策的批判性很强。美国宾夕法尼亚大学智库和公民社会研究项目主任詹姆斯曾说：“智库的目的是服务决策需求，如果不能解决决策中的问题，不能为决策所用，就不是成功的。”20世纪80年代，传统基金会向里根政府提供《领导者的职责：一个保守派政府的政策管理》，90年代进步研究所向克林顿政府提供《变化的职责》等施政报告，报告中很多措施成为美国政府的主要政策。

三是培养和输送决策人才。政府和智库之间存在的“旋转门”现象决定了智库具有培养和输出决策人才的功能。美国官员在离开政府后，相当一部分人进入智库。另外，各个智库的精英人才也会被吸纳进入政府，由研究者变为决策参与者。比如，前国家安全事务助理基辛格就是美国战略与国际安全中心的成员；著名的国际政治学者、《大棋局》及《大抉择》的作者布热津斯基，最先供职战略与国际问题研究中心，后来进入卡特政府任职；布鲁金斯学会主席塔尔伯特被克林顿任命为常务副国务卿、总统特别助理；企业研究所的著名经济学家劳伦斯林赛出任小布什政府的经济顾问；美国总统奥巴马政府组建政府内阁后，仅布鲁金斯学会进入政府从政的就有30多人。此外，战略与国际问题研究中心、对外关系委员会、美国进步中心等智库也都有大量学者进入奥巴马政府。

四是通过出版书刊、举办各类交流活动、利用媒体宣传等方式，使政策主张获得公众的支持和决策者的重视。通常情况下，智库产生一种思想后很难迅速变为公共政策，因为获得社会认同需要时间过程，因此多数智库非常重视通过间接方式影响决策者和民众，形成一种社会氛围。首先是出版书刊。美国主要智库都会推出大量的专著、期刊、研究报告、背景分析、简报，如布鲁金斯学会的《布鲁金斯评论》、战略与国际问题研究中心的《华盛顿季刊》、兰德公司的《兰德评论》、大西洋理事会的《大西洋月刊》以及《外交》《外交政策》等已成为政府官员的必读刊物。其次是举办讲座、报告会、论坛等各种交流活动。例如，美国总统奥巴马在布鲁金斯学会、副总统拜登在美国进步研究中心、前副总统切尼在企业研究所、越南副总理兼外长范平明在战略与国际问题研究中心、澳大利亚前总理在布鲁金斯学会等发表演讲。最后是智库学者在主流媒体上接受采访，发表评论。通过这些活动，一方面可以引导公众对政策问题的认识，另一方面也在政府和社会各界之间搭建沟通平台，引起政策的关注，提升政策水平，达成社会共识。

五、几点启示和建议

（一）着眼创新引领，深化供给侧结构性改革

创新是一项系统工程。山东要实现凤凰涅槃、转型升级，必须更加注重产业、教育、科技等资源的整合。在此基础上，一方面根据产业发展趋势和制造业升级实践，确定未来科技创新的重点领域

和关键环节；另一方面改进营商环境，加快推动新产品、新技术的商业化实践。

建议：(1) 政府有关部门联合企业、高校、科研机构等主体，成立全省制造业发展联盟，整合有关资源，发现并共享制造业发展面临的挑战、机遇和技术难题，形成发展合力。(2) 弘扬创新和企业家精神，支持企业实践全面创新理念，开展技术创新、管理创新、品牌创新、商业模式创新等。(3) 持续深化政府支持产业发展方式改革创新，完善引导基金、后补助、购买服务等市场化引导机制。(4) 针对结构性失业特点，结合制造业升级需要，加快产业和教育融合发展，通过职业教育、在职培训、社区培训等途径，扩大先进制造业劳动力储备和供给。

（二）着眼提升决策科学性，建立综合评估制度

增强公共决策的透明度，是保障公众知情权、参与权、监督权的必然要求。除涉密和法律法规另有规定的情况外，公共政策出台前后和制定过程中都可以采取适当方式公开相关信息，广泛听取意见。

建议：(1) 在公共政策决策前，围绕重大政策措施的可行性、稳定性等方面，提前向社会发布公告，认真听取来自各行业的意见建议。(2) 采取公开招标的方式，选择有关智库开展前瞻性、针对性、储备性的政策研究，从众多专家提供的多种方案中进行选择，对不同专家、不同智库的评估报告进行综合分析比较。(3) 在公共政策决策中，从相关领域专家库中遴选部分专家召开论证会，鼓励和提倡在不同学术观点和政策建议之间进行切磋争鸣、平等讨论，相关意见形成报告，作为决策依据。(4) 在公共政策决策后，重点加强公共政策执行情况、社会影响、实施效果等方面的综合评估，可以采取政府购买服务的方式，委托第三方评估机构进行政策评估，进一步增强评估结果的客观性。(5) 建立完善公共政策决策纠错机制，针对不同的政策评估结果，动态调整相关政策措施。

（三）着眼提升决策服务水平，健全政府决策服务体系

开放式的公共决策咨询是适应科学决策、民主决策、依法决策的重要支撑。

建议：（1）建设好全省政府系统决策服务平台，发挥政府决策服务调研基地的作用，提高调查研究工作的针对性、实效性和可操作性。建立省政府公共政策决策与各级政府、科研院所、重点企业、村居社区之间的紧密联系机制，搭建双方沟通和互动的快速通道。（2）加强省级层面的整体规划和科学布局，深化科研院所改革，着力打造一批省级重点智库和专业智库，推动民间智库发展，形成多层次智库协调发展的格局。（3）支持我省智库对外交流。积极地承办高层次会议、论坛等，主动参与国内智库平台对话，学习和借鉴国外先进智库建设的先进经验，加强与兄弟省市的智库交流。鼓励和引导有条件的省级重点智库“走出去”寻求合作，建立与国际知名院校和智库合作的交流模式。简化举办国际公共政策决策方面会议、国外专家交流等活动的审批。（4）依托孔子学院等载体，建立中外智库和公共政策决策交流平台，拓展人文社会科学等领域的交流合作，提升齐鲁文化软实力。

（四）着眼提升人才支撑能力，加强智库队伍建设

公共政策决策咨询体系构建，需要智库高端人才的支撑，特别是构建规模适度、结构优化、充满活力的智库高端人才支持体系。

建议：（1）围绕服务全省发展战略大局，面向海内外广纳智库高端人才、首席专家和人才团队。加强与国际领域专家联系，特别是要加强对外籍华人首席专家和退休老专家的引进。（2）学习借鉴美国智库专家人才“能进能出”模式和“旋转门”机制，加快智库专家学者在重点企业、政府部门之间的双向流动。对高等院校、科研机构、重点企业等单位的智库人才，探索以聘任制公务员的形式到政府部门任职，签订聘任合同，明确工作任务和聘任期限。对党政机关工作人员鼓励其到有关单位从事智库工作，在一定期限内保留公务员身份。(3) 在经费保障方面，对民间智库的发展，政府部门可通过购买公共政策决策咨询服务的方式，准许其开展适当的经营性活动。(4) 完善公益捐赠制度，引导企业、基金会、个人等以资助、捐赠、赞助等方式支持民间智库发展。加强对境外资金和非政府组织资助山东智库的管理，确保其政治导向不出问题。

（五）着眼提升决策转化率，拓宽成果应用渠道

积极探索建立公共政策决策咨询应用成果转化长效机制，搭建决策咨询成果交流转化平台，让政府决策吸收更多的资政建言。

建议：(1) 支持开展“东亚海洋合作平台”等“一带一路”建设战略研究领域的研究，培育形成山东具有国际影响力的高端智库和公共政策决策咨询服务品牌。(2) 发展具有山东地域特色的品牌智库刊物，重点支持省委政策研究室《山东通讯》、省政府研究室《山东经济战略研究》、山东社会科学院《东岳论丛》等展示公共政策决策咨询成果的专业刊物，充分发挥智库刊物服务党委政府决策的载体作用。(3) 鼓励和引导各智库延伸拓宽智库网络，加快打造一批涵盖更多领域的重点公共政策决策咨询研究基地和调研基地。(4) 引导智库服务下沉，更多地为基层和企业、社区服务，推动社会共识的形成。

培训团成员： 赵昌军　陈延星　马军权　徐曙光　高乾长　孔令东
马树华　杨建全　修振竹　于吉军　刘建东　赵泓任
张宇飞　李　涛　朱宏锋　郭淑华　王　伟

孙伟常务副省长2016年11月21日在本文上批示："祝贺同志们学习培训成功有收获。报告长了一些，建议作大幅压缩后可送有关方面参阅。"

夏耕副省长2016年11月21日在本文上批示："要充分运用赴美培训成果，结合深化改革的要求，注意借鉴有益我们的理念、做法。几条建议很好，可逐条深化，使其对推动政府职能转变起建设性作用。"

该报告被省外专局评为"2016年山东省因公出国（境）培训优秀总结报告"。

美国经济结构演变的启示

山东省人民政府研究室　赵昌军

赴美培训 20 天，学习交流，参观考察，深入地了解美国经济社会发展、公共政策决策以及政府运作规律，收获良多。印象最深刻的就是美国作为世界第一强国，经济高度开放发达，其经济发展转型的历程，以及其具有一定优势的市场经济体系和经济结构，非常值得研究探讨。

根据世界银行 WDI（世界发展指标）数据库显示，2014 年美国的国内生产总值为 17.4 万亿美元，居世界各国首位，我国为 10.4 万亿美元，居世界第二位。按照购买力平价法计算，2014 年我国为

18.0 万亿美元，美国为 17.4 万亿美元，中国超过美国成为世界第一。当然，购买力平价法有可能高估发展中国家的货币购买能力和生产总值，也有局限性，但至少能从一个侧面反映我国在经济总量方面与世界第一大国美国的差距已经是比较小了。

尽管美国农业在国内生产总值中的比重较低，2000 年美国农业增加值占比为 1.2%，2013 年为 1.5%，美国政府却对农业高度重视。美国联邦政府设有机构庞大的农业部，对农业实施从田间到餐桌的全方位监管和服务。联邦政府农业部在各州都设有办公室，许多项目通过与各州、市、县农业部门的合作来实施。其海外农业服务局在有关国家和地区设立有 59 个驻外机构，同世界上 130 多个国家和地区保持密切的联系。美国农业部每五年开展一次农业普查，对农业发展状况进行调查分析。美国的农产品以玉米、大豆、小麦、稻米、棉花、烟草等为主，其中，玉米、大豆的产量和出口都居世界第一。据联合国 FAO 数据库显示，2013 年美国的玉米产量为 3.5 亿吨，占全世界的 35%；我国产量是 2.2 亿吨，居第二位。2013 年美国的大豆产量为 0.89 亿吨，占全世界的 32%；我国产量是 0.12 亿吨，居第四位。2013 年美国小麦的产量为 0.58 亿吨，居世界第三位；我国产量为 1.2 亿吨，居第一位，占世界的 17%。

美国农业经营的集约化程度很高，2012 年美国平均每个农业经济活动人口耕地面积为 64.4 公顷/人，而同期我国为 0.2 公顷/人；美国平均每千公顷耕地上化肥施用量为 131.1 吨/千公顷，同期我国为 651.6 吨/千公顷，是美国的 5 倍。美国强制推广耕地休耕制度，每年都有一定比例的耕地不种庄稼，政府根据政策目标对农民给予补助。美国推行耕地休耕制度，一方面，是为了解决粮食生产过剩问题，如果大量耕地不休耕，美国粮食产量会更大，必然会导致粮食供过于求，使粮食价格大跌，会极大地危害美国农业生产和农民利益。另一方面，耕地休耕也可以使耕地土壤肥力恢复，从而减少化肥的大量使用。

美国的制造业曾经一度遥遥领先，拥有世界上最先进的制造工艺和完整的制造体系。第二次工业革命后，人类进入了“电气时代”，美国的制造业得到了全方位升级。1859 年至 1899 年的 40 年间，美国企业数量增加了 2 倍，投资总额增长了近 9 倍，工业总产值增长了 6 倍。钢铁制造业发展尤为迅速，1860—1880 年，生铁产量由 83. 5 万吨增长到 389. 6 万吨，钢产量由 1. 2 万吨猛增到 126. 7 万吨。到 2000 年，美国的制造业增加值达到 1. 5 万亿美元，雄居世界首位，日本紧随其后，制造业增加值为 1. 0 万亿美元，我国为 0. 38 万亿美元，是美国的 1/4。

进入 21 世纪后，美国“世界制造工厂”的地位渐渐被我国所取代，但制造业仍然是美国经济的重要基础支柱，产值约占美国国内生产总值的 11% 。2014 年，美国的制造业增加值为 1. 9 万亿美元，我国达 2. 9 万亿美元。与此同时，美国加快制造业转型，将劳动密集型产业进一步淘汰或转移国外“成本洼地”的发展中国家，信息技术、自动化、生物医药、航空航天、先进材料等高科技产业迅速

发展，利用高科技改造传统产业也取得了明显的成效。

国际金融危机后，过度依赖金融和虚拟经济的美国经济受到重创，开始谋求转型，再度重视实体经济发展。为此，奥巴马政府提出再工业化战略，制定了《先进制造业国家战略计划》，实施一系列财政和货币政策，明确提出再工业化、制造业回流、五年出口倍增、降低失业率等目标，力争在各国新一轮先进制造业竞争中取得优势地位，其核心是统领高端制造业。有专家认为，美国正在借助第三次工业革命大潮振兴制造业和实体经济，并希望以此建构全球新的分工体系。大企业开始从国外回归，英特尔、福特等一些企业斥巨资在美国境内建设制造中心。美国制造业的复兴与高技术产业的发展相得益彰。包括马里兰州、弗吉尼亚州和哥伦比亚特区在内的“大华盛顿地区”，凭借比较集中的人才资源、信息基础设施、联邦项目和实验室、国防设施等条件，近年来随着高技术产业迅速成长，成为美国有名的高技术产业密集区。弗吉尼亚州的 Fairfax 郡，是大华盛顿高技术区中最为突出的地区，该郡拥有 5000 多家高技术公司，被称为美国第二大高技术区。

为全面振兴制造业，美国政府高度重视制造业的招商引资，其中对中国的招商增长迅猛。以山东为例，2016 年前 8 个月，山东对美国实际投资同比增长了 5.3 倍，达 16.4 亿美元，远远超出同期美国对山东投资的 2.25 亿美元。山东对美投资迅速增长并在短短几年内发生投资方向反转，除了经济发展阶段和大环境因素外，与美国联邦政府特别是各州政府招商引资采取的政策和措施是分不开的。比如，为了引进太阳纸业项目，美国阿肯色州州长和高层领导亲自到山东太阳纸业招商，阿肯色州驻华招商机构首席代表亲任太阳纸业项目专员，不达目的绝不罢休。2016 年 4 月，太阳纸业与美国阿肯色州签订了总投资 10 亿 ~ 13 亿美元的项目合作备忘录。类似的这些招商措施，在美国其他州同样存在。

从美国服务业发展的历程来看，政府的服务业发展政策早期管制、干预较多，随着逐步放松管制、减轻税负、减少制度限制、对外开放，美国服务业发展也实现了从慢到快，从低级到高级的转变。从19世纪初到20世纪50年代，随着工业化进程的推进，美国服务业持续平稳增长，1950年服务业增加值占国内生产总值比重超过50%。之后，美国服务业开始快速发展，服务业在国民经济中的比重持续提高，1995年达66%，1997年达72%，2013年达78.1%，服务业从业人员占全社会从业人员的80%以上。美国服务业不仅是本国国民经济的重要支柱产业，而且在世界经济中也具有举足轻重的地位。据世界贸易组织数据库，2014年美国服务贸易进出口为11401亿美元，占世界的12%，居世界各国首位，同期我国为6043亿美元，居世界第二位。从服务贸易出口来看，美国为6856亿美元，占世界的14%，我国为2222亿美元。2013年美国国际旅游收入为2148亿美元，占世界的16%，同期我国为564亿美元。从服务贸易进口来看，美国为4545亿美元，占世界的9.6%，我国为3821亿美元。美国服务贸易顺差为2311亿美元，而我国逆差为1599亿美元。这也从一个侧面反映我国与美国在服务业上的差距。

推动产业转型升级，实现产业形态由价值链低端向高端的攀升，是我省乃至我国必须完成的战略任务。美国在经济结构调整方面的实践，为我们提供了可以借鉴的启示。

第一，正确处理政府和市场的关系。正如党的十八届三中全会指出的那样，要使市场在资源配置中起决定性作用和更好地发挥政府的作用。近年来，我们推进简政放权、放管结合、优化服务改革，释放了全社会创业创新活力，但政府权力过大、审批过杂、干预过多、监管不到位的问题仍然存在，市场失灵、竞争不充分、不能有效地配置资源的问题依然突出，政府和市场的作用发挥还都没有达理想状态。应当继续深化“放、管、服”改革，尽量减少政府对微观经济的直接干预，更多地采取市场手段推动发展、化解矛盾、解决问题，更多地抓好市场监管、公共服务，更多地转向政策制定落实、创造良好营商环境上来。比如，各级政府为了提升产业的价值链，摆脱低端制造业，制定出台了许多支持企业创新发展的政策措施。政策制定得都很好，但许多企业反映，在政策落实上还比较繁琐复杂，涉及太多文书工作和官样文章，给企业造成了很多困扰，也影响了政策效应的发挥。政府不仅要制定好政策，而且应该更好地抓好政策的落地，为市场主体的发展创造良好的环境。还有，为鼓励企业发展和创新，一些地方也采取了直接补助企业和项目的做法。事实证明，这种方法也有可能转移企业的视线，使企业把主要精力放到争取政府支持上来，而不是专心搞研究开发。同时，也存在补贴结构不合理、设租寻租等问题。美国等发达国家在支持创新方面，更多地采取普遍性补贴方式，政府补贴只选择需要支持的产业，政府并不会替代市场选定被补贴的企业，也不帮助企业设定具体的技术路线，并且过程公开透明，便于社会和舆论监督。近年来，发达国家在光伏、风电新能源领域主要针对最终消费者进行直接补贴，而非重点支持新能源企业。前不久，我国曝出的新能源汽车企业骗取财政补贴的事件，非常值得我们反思。

近年来，山东以规范政府与市场关系为根本，加快推进财政专项资金分配改革，取得了明显的成效。改变了长期形成的层层报项目、分资金、“点对点”的做法。对具有地域管理信息优势的专项转移支付，尽可能采取因素法切块分配。对支持产业发展的资金，积极采取基金等市场化运作模式。截至 2016 年 9 月底，山东省级设立 19 只方向不同的政府引导基金，批准参股设立 51 只子基金，基金总规模达1208亿元。对用于社会事业发展的资金，探索实施民办公助、政府购买服务、PPP等方式，引导社会力量兴办公益事业。截至2016年9月底，省级分六批向社会推介PPP项目375个，投资额超过6000亿元，已成功签约181个，开工131个。山东的做法有效地激发了市场活力，消除权力设租寻租的空间，成为正确处理政府和市场关系的范例。

第二，正确地看待产业结构演变的规律。从各国经济社会发展的实践看，随着社会分工的不断深化和居民收入的持续提高，产业结构从以农业为主演变为以工业为主，然后升级为以服务经济为主，劳动力也逐步向第一产业、第二产业、第三产业依次集中，这是经济结构演变的一般规律。我们应当顺应这一发展规律，坚持以推进供给侧结构性改革为主线，采取更加扎实有效的措施，加快新旧动能接续转换，支持传统产业转型升级，推动新兴产业加速发展，不断地拓展产业发展空间。

高度重视农业现代化。像美国这样的发达国家，对农业都不敢有丝毫的放松。在我们这个有13亿人口的大国，更应当把农业放在重中之重的位置上，确保我们的饭碗端在自己手里。要加快转变农业发展方式，发展多种形式适度规模经营，着力构建现代农业产业体系、生产体系、经营体系，提高农业质量效益和竞争力。实施藏粮于地、藏粮于技战略，探索实行休耕轮作制度，提高粮食综合生产能力。持续加大农业投入，完善农业补贴政策，提高农业规模经营和机械化水平。

制造业是我国重要的支柱产业。无论产业结构如何演变，我们都应当加快推动制造业由大到强的转变。顺应国际经济科技发展趋势，引导制造业朝着分工细化、协作紧密方向发展，促进工业化、信息化深度融合，培育精益求精的工匠精神，推动制造业生产方式向柔性、智能、精细转变。着力抓好钢铁、煤炭等困难行业去产能，坚持市场倒逼、政策推动，统筹运用经济、法律、技术、环保、质量、安全等手段，严格控制新增产能，坚决淘汰落后产能，推动传统优势产业转型升级。当前，新一轮科技革命和产业变革正在酝酿，发达国家“再工业化”战略频出，战略性新兴产业已经成为各国提高国际核心竞争力的关键因素。应顺应世界经济发展趋势，大力发展战略性新兴产业，集中力量进行关键核心技术攻关，推动新一代信息技术、海洋产业、智能制造、医药卫生等科技前沿领域研发取得重要突破，推动经济“凤凰涅槃”“浴火重生”，努力在全球分工体系中占据有利的位置，不断增强国际核心竞争力。

当前我国经济结构已发生历史性变化，进入服务业加快发展的阶段。从国际经验来看，多数发达国家都经历了先工业主导后服务业主导的转型升级过程。这一转型主要表现在国内生产总值的构成上，即第三产业增加值超过第二产业，工业增加值占比回落，而服务业占比较快提高。从全国情况来看，2012 年服务业增加值占国内生产总值的比重首次超过第二产业，之后不断提高，2016 年上半年达 54.1%，占据“半壁江山”还多。从山东情况来看，2016 年地区生产总值构成中，第三产业超过第二产业，实现历史性转变。应顺应服务业加快发展的趋势，重视发展教育、医疗、健康、养老、体育、休闲旅游和社区家政等生活性服务业，积极发展金融保险、研发设计、文化创意、现代物流、信息技术、律师会计、知识产权评估等生产性服务业，推动服务业转型升级加快发展。

第三，加快实施创新驱动发展战略。历史经验表明，人类文明每一次的重大进步都离不开科学技术的革命性突破。当今世界，创新已成为引领发展的第一动力，科学技术迅猛发展。我们应当抓住和用好这一机遇，把创新摆在发展全局的核心位置，着力培育发展新动力。进一步提高自主创新能力，围绕产业需求部署创新链，突破技术“瓶颈”，掌握核心关键技术，加快新技术、新产品、新工艺研发应用。构建以企业为主体、市场为导向、产学研相结合的技术创新体系，建立企业主导产业技术研发创新体制机制，促进技术、人才等创新要素向企业研发机构流动。深化科研院所改革，探索科研院所去行政化和建立法人治理结构，建立健全现代科研院所制度，激发科研院所的发展活力和服务经济社会的能力。改革人才发展体制，赋予科技领军人才更大的技术路线决策权、人财物支配权，促进科研人员在企业和高校、科研院所之间双向流动。深化科技管理体制改革，加快发展各类科技社团，稳妥承接政府转移职能，加强行业自律约束。促进科技和金融相结合，推动规模企业公司制改制对接资本市场。

关于美国养老服务业发展的考察报告

东营市人民政府研究室　陈延星

美国是世界上较早进入老龄化社会的国家之一，其养老政策、保险制度等趋于完善，资源配置较合理，养老模式呈现多样化特点，积累了许多成功经验和好的做法。2016 年 9 月，在参加省政府研究室组织的赴美国培训期间，就美国养老服务业发展进行了实地考察和深入了解，结合东营实际，就养老服务业发展进行了深入的思考。有关情况报告如下：

一、美国养老服务业发展现状

美国自20世纪40年代步入人口老龄化社会（60岁以上人口数占总人口数的10%以上，或65岁人口数占总人口数的7%以上以来），而在其后的几十年间，受较高的生育率和大量青壮年移民影响，呈现缓慢而稳步推进的状态。但在2000年之后，随着人口预期寿命的延长，以及第二次世界大战后的“婴儿潮一代”开始进入老年影响，美国的老龄化速度又开始加快。据统计，2014年美国总人口达3.2亿人，其中65岁以上的老人达4314.5万人，占全部人口的13.7%。

（一）制度机构保障方面

美国在20世纪30年代以前，养老市场完全自由化。经济大萧条之后，由于老龄化问题严重影响经济和社会发展，美国政府开始高度关注并积极解决老龄化问题。立法方面，1935年出台了以养老保险为主体的《社会保障法案》，之后又颁布了《美国老年人法》和《禁止歧视老年人就业法》，形成了比较完整的养老保障制度包括养老保险制度、医疗保险与救助制度等。机构方面，美国政府在卫生与公众服务部设老龄局和9个区域性办公室，在州设立公共服务部负责老龄工作，在州及以下设老龄代理机构，在社区设立老龄服务中心，形成了覆盖全国的老龄服务网络。各老龄机构主要承担完善老年人保护服务政策和制度，制定和监督实施老年人保护与服务的规划，筹集和划拨老年服务经费，建立和完善老年服务设施等职能。财政投入方面，美国政府主张把大部分财政预算盈余投入社会保障事业，而养老保险的开支数额占美国社会保障总开支的80%左右，属开支最大的项目。

（二）养老金体系方面

不同于其他西方国家，美国的养老金是投保资助型，强调养老保障由政府、企业和个人共担责任，是特有的“三支柱”模式。一是国家强制的社会养老保险。就是老年和遗属保险，既是美国建立最早的社会保障制度，也是覆盖被保险人数最多的险种，被覆盖人数大约占全美职工的95%。目前参保者1.5亿人，有4600万人受益。二是雇主养老金计划。由政府雇主或者企业雇主发起设立，通过向雇员的账户缴纳一定的资金，并将资金投资股票、证券等，为雇员提供基本养老保障之外的退休收入。其中最具代表性的是401K计划。三是个人储蓄养老金计划。该计划完全由个人自愿参加，其中具有代表性的是个人退休账户（IRA），面向所有具有纳税收入的公民，参加者需要每年将部分资金存进该账户，用于投资升值，具有减税、免税和盈利等特征。目前，个人退休账户已经成为美国规模最大的养老金计划，资金规模超过401K计划。据统计，截至2015年底，个人退休账户和雇主养老金计划资产规模分别达7.3万亿美元和6.7万亿美元，反映美国养老力量，正在从政府逐步向社会、个人力量转变的趋势。

（三）养老服务设施方面

美国老年人目前的养老模式主要有三种，分别是居家养老、老年公寓和老年社区。居家养老，主要是以提供护理服务为主，由政府和民间机构合作，政府提供资金，社区非营利性组织承包服务，社区委员会监督服务。老年公寓，包括自助、陪护和特护三种类型，主要由政府出资。自助型不为老年人提供任何与日常生活、药物服务有关的协助，但会提供完善的社区服务；陪护型向老年人提供与日常生活有关的各种服务；特护型除了上面两种类型所提到的服务外，还提供全面的医疗服务。老年社区，由私人投资并进行商业化运作，社区中提供各种专门为老年人服务的配套设施，逐渐形成了老年产业的发展基地。其中，最具代表性的老年社区是太阳城，由美国最大的住宅制造商 Pulte Homes 和老人住宅建筑商 Del Webb 共同开发。

二、加快养老服务业发展的“美国经验”

美国的养老制度和产业发展时间长，资本市场发展较成熟，在养老制度和养老产业的建设方面均有值得我们借鉴的地方，总结起来主要有以下几个方面：

（一）养老服务业态充分

美国的养老服务业既着眼于失能半失能老年人的刚性需求，又充分考虑不同层次老年人高端养老的弹性需求，各种业态成熟、充分，可以满足各类老年人不同的养老服务需求。一是养老机构发展具有很强的层次性和针对性。以养老社区为例，有活跃老人社区、独立生活社区、协助生活机构、失忆护理社区、专业理疗养老院、持续护理退休社区等，可以为不同需求的老年人提供各式各样的养老服务。二是居家养老是老年人养老的主要方式，服务供给充分。美国大多数社区都建有老年日间照护中心，主要为高龄、体弱、慢性病老年人提供护理、康复等服务，且各类生活辅助、文化、体育等设施非常健全，定期组织社区内的老年人开展活动。居家养老组织发达，服务功能完善，可以为居家老年人提供生活照料、医疗护理、出行帮助、精神关爱等全方位服务。三是老年公寓深受健康老年人的青睐。老年公寓由政府或慈善机构出资建设，产权归政府所有，建成后由社会力量运营，但对入住者的年龄、房屋使用有明确的要求。这一养老形式，既方便老年人保护隐私，又可享受政府基本养老服务，能够排除家庭养老的孤独感。四是休闲养老服务业发展迅速。美国的养老机构大都定期组织身体条件允许、有出行意愿的老年人，开展异地候鸟式养老，深受老年人的欢迎。

（二）产业化、市场化程度高

坚持所有养老服务都由社会提供、按市场规律运营、实行产业化发展，既是美国提供养老服务的主要方式，也是实现养老服务业健康有序、持续快速发展的关键所在。一是社会力量是发展养老服务业的绝对主体。美国的养老机构基本由社会力量举办，其中非营利性养老机构完全自主运营，政府向社会购买服务，并采取税收优惠、经费补贴等政策予以扶持，政府将服务老人的居住、助餐、文化、家政等服务全部交给社会服务机构承担。二是医、护、养一体化发展。在医疗方面，美国的养老机构多数与周边大型医院距离不超过5公里，并且多数内设医疗机构、专职医护人员和先进的医疗设备。在护理方面，美国老年人都有专职家庭医生，定期为老年人提供健康查体、疾病防治宣传等医疗服务，并为每位老人建立了健康档案，还建立了完善的“访家护士”体系，定期为居家老年人提供基本的护理等服务。三是养老机构普遍实行连锁化经营、集团化发展。美国的养老机构，大都是采取连锁经营模式，最大的好处就是有利于规模化发展，有利于品牌化建设，可以降低管理、人才培训和物资采购等成本。

（三）服务精细化水平高

坚持一切为老年人服务，让老年人活得健康快乐、活得有品位、有尊严，是美国发展养老服务的基本理念，这一理念体现了城市建设的每一个领域、社会管理的每一个方面、养老服务的每一个细节。一是全方位服务。无论是城市基础设施、公共场所以及道路设置、交通标识，还是文化、教育、宣传等各个方面，都充分体现了为老宜老的特征。二是全过程服务。所有养老服务都紧紧围绕老年人衰老过程中出现的障碍来设计和提供，老年人从健康、半失能、失能到临终关怀，都有相对应的服务。三是全细节服务。养老服务机构都坚持从细节入手，包括院内指示牌字样大小、通向各个活动场所的道路颜色标识，就是门窗开几公分都有严格的标准，每个老年房间门口都设有专门橱窗展示老年人及与亲属子女的照片，人性化、精细化服务的充分体现。

（四）管理体制科学高效

美国政府在养老服务业发展中，只负责制定政策、规划和监管，不负责具体事务，体现了“政府主动有为”和“社会积极作为”。其中，美国政府部门职责明确，政策制定和执行分离，美国卫生部规定，包括养老服务机构在内的所有服务机构都要建立和实行标准化报告制度，其相关信息和评估结果用于检测服务质量和老年人的满意度。养老服务机构建设、运营和服务都有专门的制度规范，特别是经过长期的经验积累，形成了比较完善的服务设施和服务技术标准，以及严格、科学的服务流程和专业监控。可以说，对美国养老服务机构而言，政府、社会组织、投资公司三者是“你中有我、我中有你”的相伴相生的关系。机构建设由投资公司出资，部分服务项目由政府资助或购买，经营者是聘请的职业经理人，服务者是护理协会以及训练有素的专业护理员，家庭子女的责任则通过社会服务机构来实现，这种社会化的养老服务模式非常有利于整合资源、发挥合力。

三、加快东营养老产业发展的对策建议

东营市自2001年开始进入老龄化社会，是山东省进入老龄化社会最晚的城市之一，近年来老龄化呈现发展快、比例高的特点。截至2015年底，全市60岁以上人口数为35.7万，占总人口的19%；全市共有养老服务设施286处，其中养老机构45处，社区日间照料中心61处，农村幸福院180处；共有养老床位1.2万张，每千名老年人拥有床位33张。总的来看，东营市近年来出台了一系列支持养老产业发展的政策措施，促进了全市各级各类养老服务业健康发展。但是，与当前日益严峻的老龄化趋势和人民群众对“老有所养”的期盼相比，与美国等先进国家地区相比，仍然存在不少问题。一是在养老服务业发展方面还没有制定与人口结构、人口布局、人口发展、城镇规划、社区建设等相适应的整体规划和具体详规，大多是根据现有人口居住情况笼统地提出发展目标和数量要求。二是养老服务业资金项目存在多渠道、多部门管控的局面，缺少统一的有效监管，建成的养老设施设备使用效益不高。三是出台的政策意见大都带有统一性、普遍性的特点，没有充分考虑老年人的差异化需求，在操作方面针对性不强。四是服务机构差别大，主要是城乡养老机构在设施配套、管护人员配备、医疗保障等方面存在较大差距。在下一步工作中，要坚持政府引领、政策扶持、社会主办、市场运作的原则，充分吸收、借鉴美国等先进国家地区的经验，完善政策体系，激发社会活力，大力发展各类养老服务和产品，着力建设以居家为基础、社区为依托、机构为支撑、信息为辅助，功能完善、规模适度、服务优良、覆盖城乡的养老服务体系。

（一）科学制定规划，加强养老服务设施建设

一是在制定城市总体规划、控制性详细规划时，要根据城乡人

口分布、老年人口数量、养老需求及老龄化发展趋势，科学编制养老服务设施建设专项规划，分区分级规划建设社区老年人日间照料中心等养老服务设施，统筹资源，合理布局，推动养老服务与医疗、家政、保险、教育、健身、旅游等相关领域融合发展。二是农村养老服务设施要纳入农村公共服务设施统一规划，优先建设，特别是留守老人多、照料需求大、居住相对集中的行政村（社区），要通过新建、改扩建、改造等多种形式建设农村幸福院，为老年人提供生活居住、日间照料、休闲娱乐、精神慰藉等养老服务。三是按照管办分离的要求，在确保国有资产不流失、养老用途不改变、服务水平不降低的前提下，积极推行公建民营，并鼓励民间资本通过参资入股、收购、委托管理等方式管理运营公办养老机构。四是按照集中和分散相结合、高档和中档相结合、政府和市场环境相结合的原则，采用 PPP 模式，加快新型养老社区建设，打造成综合性的养老社区，为老年人提供更加完善的服务。

（二）建立完善规章制度，强化资产资金管理使用

要科学设置、合理调配，完善服务功能，确保已建成的养老资产管理使用效率和综合利用效果，避免损失、浪费现象的发生。市和县区政府通过财政预算、福利彩票公益金、社会捐助资金、土地出让金等多渠道筹集，设立养老服务业发展专项资金，用于扶持养老服务项目的建设、管理、运营与发展。整合各级各部门用途相似的资金，充实社会养老服务体系建设专项资金，盘活存量资金，管好用好新增资金，使有限的资金形成合力。其中，公立机构严格财政预算和管理、严格“收支两条线”管理，民营机构严格收费标准管理、住宿用餐管理和政策资金管理，建立完善行业自律的协调监督长效机制，确保衣食住行等养老基本服务质量。

（三）发挥政策导向作用，培育发展养老服务市场

一是政策制定和政府资金扶持，要体现保重点、保发展、保长远、保实效的总体要求，按照规划确定各级各类重点扶持机构、扶持比例限额、扶持年限及相关约束性规定，对经营性机构加强监督管理，建立与之相适应的第三方绩效评价制度，并向社会公布养老机构绩效情况。二是强化、细化养老扶持政策，鼓励支持各类投资主体参与养老服务业的发展，积极培育专业居家养老服务企业和机构，整合利用社会服务资源，并支持其连片辐射、连锁经营、统一管理、打造品牌，更好地为老年人提供居家生活、医疗保健、代购代缴、紧急救助等服务。三是实现扶持政策由重建设向重管理运营转变。发挥财政资金杠杆作用，建立养老服务机构责任保险补贴制度，降低养老机构经营风险。通过政府购买养老服务的方式，增加就业带动相关产业发展，以产业发展促进政府购买服务优化升级。

（四）加大教育培训力度，建设专业化的人才队伍

一是依托职业院校、家政公司和大型养老机构等建立养老服务实训基地，加快培养老年服务管理、医疗保健、护理康复、营养调配、心理咨询等专业人才，扩大养老服务专业人才的队伍规模。二是完善养老人才就业政策，可以通过在养老机构设置专业技术岗位、公益岗等方式，引导、鼓励高校和职业院校老年服务与管理类专业毕业生从事养老服务工作。三是建立健全养老护理员的福利待遇制度。政府要发挥宏观指导作用，推进养老服务业通过民主程序研究制定行业最低工资标准；养老机构要依法建立完善内部管理规章制度，切实保障从业人员劳动报酬、休息休假和社会保障等权益落实。四是培育发展养老志愿服务组织，大力倡导机关干部和企事业单位职工、大中小学学生参加养老服务志愿活动；建立养老志愿服务登记和养老服务储蓄制度，推广供需有效对接的“菜单式”志愿服务。

美国生态环境治理的主要做法及启示

山东省人民政府研究室　马军权

2016年9月5日至9月25日，我随省政府研究室“重点公共政策决策咨询研究”培训团赴美学习。通过亲身感受美国环境保护的现状，并且通过与美方政府官员、专家学者和普通市民的深入交流，我感到美国政府在生态环境治理方面的许多做法值得我们学习和借鉴。

一、美国对生态环境保护认识的历程

美国对生态环境保护和治理的认识大体经历了三个阶段，分别是：

第一阶段：20世纪60年代前，美国先后出现了具有浪漫主义色彩、超功利性质、功利性质以及生态主义色彩的环境保护意识。主要以一些知识分子的理论为先导、依托环境保护组织和民间力量，以少量的国家法律法规为保障，走的是一条自下而上的环境保护路线。虽没有解决美国生态环境恶化的现实问题，但对生态环境保护的认识却从空想落到实际。

第二阶段：20世纪60年代至90年代，美国现代生态环保运动具有了广泛的社会基础，不同种族的人开始接受生态环保思想，逐渐成为生态环保运动的重要推动者。二战后，美国居民收入逐步增

加，开始关注生活环境的不断改善，政府积极推动对生态环境保护教育事业的发展，把关注点着重放在污染和健康问题方面。同时，成立的非政府生态环保组织种类多样，侧重点也各不相同，生态环保运动表现出多样化和包容性的特点。

第三阶段：进入21世纪，可持续发展开始成为美国生态环境保护的主导理念。为进一步推动生态环境保护建设，美国推行的政策及措施工具更加灵活和多样化，综合利用政治、法律法规、经济和社会等手段解决生态环境问题。联邦政府逐步扩大了生态环境保护的范围，如环境教育、环境技术开发和应用、弱势群体的生态环境利益等。近年来，全球生态环境危机不断加深，奥巴马政府实施“绿色新政”、推动循环经济、大力发展低碳经济等，美国国内生态环境保护重新呈现出蓬勃发展的态势。

二、美国生态环境治理的主要做法和启示

（一）健全完备的环境保护法律体系是生态环境治理的坚实基础

目前，美国的环境保护法律体系比较完备，为生态治理工作打

下坚实基础。从 20 世纪 70 年代后，美国相继制定或修订了一系列环保法案，法律涵盖内容越来越广，所涉污染物种类越来越多，标准也越来越严格。从法律形成上来看，主要有污染控制、有毒物质控制、经济发展项目规划的环境影响分析以及各类自然区域的保护等，先后形成了《清洁水法》《清洁空气法》《濒危动物保护法》等，把凡对环境造成污染的污染源都列入法律规定的范围。同时，管理对象范围逐渐扩大，环境质量标准日趋严格。从法律法规涉及的行政层级上来看，涵盖联邦、州、地区等多层次，每个层次的法律法规都明确规定各级政府在治理空气上的权限和职责，构建一套完整、全面、适用环境治理的法律体系。以颗粒物污染控制为例，自 1971 年首次制定颗粒物环境空气质量标准后先后进行了 4 次修订。另外，注重借助司法力量强化环保执法。20 世纪七八十年代美国开始使用司法手段确保环境法律和政策有效执行。例如，为确保固定污染源废气排放标准有效执行，美国环保局有权向违反标准者发出终止令，并可把问题提交司法部处理。

（二）系统有效的环境保护协调机制是环境治理的关键环节

美国实行政府环保部门统一管理与其他相应部门分别管理的统分管理模式。联邦政府一级的环境保护机构有国家环境质量委员会和美国国家环境保护局（EPA）两家，都直属总统办公室，由总统领导。环境质量委员会是总统关于国家环境问题的咨询机构，负责评价政府有关控制污染、保护环境等的政策与活动；向总统及各政策机关提出关于政策、计划的意见建议；在环境政策实施过程中对各机关进行指导或提出建议、调查实施情况；召开有关环境问题的意见听取会；促进环境指标和监测系统的建立和使用等。美国国家环境保护局成立于 1970 年，负责全国的环境管理事务，根据国会颁布的环境法律制定和执行环境法规，从事或赞助环境研究及环保项目，加强环境教育以培养公众的环保意识和责任感。联邦政府各部门和各州政府也分别设置环境保护机构，管理各自的环境保护业务。全国共有24个部（委）和总局都设有关于环境保护管理工作的机构。美国各州的环境保护部门，主要负责制定和贯彻执行本州的环境保护政策、法规、标准等。政府各层级环保部门之间建立的职责明晰、系统有效的协调机制是美国环境治理的一大亮点。

一是专门的高层机构负责环境保护的协调工作。国家环境质量委员会既是总统关于国家环境问题的咨询机构，也是行政机关间的协调机构，还是制定环境政策的重要主体，负责协助总统对外处理环境外交事务，对内协调联邦政府有关部门间有关环境影响评价的意见分歧，特别是协调一些大的部门和环境保护局的关系。

二是国家环保局有较高的权威，能有效地协调其他具有部分环境管理职能的部门。美国联邦环保局对环境的协调管理能力非常强，有自己独立的执法机构，可对各州的地方或企业行使处罚权。同时联邦政府的其他部门也有相应的环境管理内设机构，主要是内政部及其所属机构，如土地管理局、渔业和野生动物局、国家公园管理局等，这些机构在环境管理方面都具有重要的作用。

三是建有专门的跨区域环境管理协调机构。美国环保局设立了10个区域办公室，将50个州分片划入不同的区域办公室管理。区域办公室局长在辖区内对美国环保局局长负责，执行环保局的区域规划和其他指定职责。区域办公室局长作为辖区内环保局局长的首要代表，与联邦、州、跨州和地方四个层面的机构、行业、科研院所、其他公立和私立组织联系。区域办公室的工作可概括为管理美国环保局对各州的拨款及拨款项目；监管州的环保项目，确保符合联邦的法律法规及标准；为解决州、区域和跨界环境问题提供技术指导、评估意见和对策建议；代表美国环保局，协调处理与州及当地政府和公众的关系。在环境管理中，美国环保局与各州之间是伙伴关系，而不是领导和被领导的关系。各州是环保法律法规的具体实施者。美国环保局通过区域办公室监督各州对联邦环保法律法规的执行和落实，提供技术支持和资金援助等。

（三）立体互补的环境监督管理体系是环境治理的重要保障

美国的环境监管体系是多层次的，主要包括：

公众监督、投诉等民间监督。《美国应急计划和社区知情权法案1986》要求企业定期公布排放数据，特别是有毒物质排放清单的有毒化学排放。这种污染源的信息披露政策，使公众很清楚其周围的高污染风险企业等污染源信息，可以对其排放进行监督，甚至投诉。一些环保组织或非政府组织也会把排放数据做成各大公司排名表，排放量大的企业信誉受到挑战，迫使其主动减排。更直接的，公众会向当地政府施加压力，迫使政府加强环境监管，影响政府决策。对不能达公众愿望的政府，公众会在选举投票时行使投反对票的权利。

独立的事故调查审查委员会等司法监督。司法部门陪审员制度以及独立委员会调查的事故处理方式是其独立发挥作用的得力助手。尤其是独立委员会的作用，是司法部门采信的重要方式。通过司法系统独立的诉讼和审判，起对环境风险和污染事故很好的监督作用。

国会、环保署大区办等行政监督。美国法律责任中对污染企业的巨额罚款和对企业法人的刑事处罚，是十分有力的约束。而国会监督是法律有效执行的重要保障。同时，国会也会对所有案件的处罚进行监督，以确保案件处罚的合理性。作为环保署的派出机构，全美有10个环境大区办公室，代表联邦政府全权负责区域内各州环保审批和监督联邦政府所管辖的项目，可根据授权对行动迟缓的州、不遵守规定的地方政府以及企图避开法规的个别排放源采取强制措施。

金融直接监管，保险公司的监督作用。美国《环境保护赔偿责任法》实行“可追溯的、严格的和连带多方的”责任，这种严格的责任主体催生了美国金融业、保险、第三方环境污染评估等行业的发展。在实践中，若银行等信用机构占有作为抵押品的被污染土地，就需要承担连带责任。为此，美国的银行等金融机构会雇用很多环境管理专员，保险公司也会对企业进行环境风险评估，并督促企业完善风险管理体制，对执行不到位的企业提高保费等，以降低风险。金融、保险业的介入，实现了环境风险监管的社会化。这是一套非常有效的监管机制，很多时候甚至比政府监管更直接、效果更好。

（四）发达领先的环保科技是环境治理的重要支撑

美国政府对技术创新十分鼓励，积极扩大技术应用范围。美国国家环境保护局每年投资近百亿美元，主要用于生态环境保护基础设施建设以及有关信贷投资。政府还拨专款用于减少煤电环境污染技术的开发，并设立有关奖项鼓励对降低资源消耗、防治污染有实用价值的新工艺新方法的研究开发，依靠科学技术推动环境和经济的协调发展。奥巴马政府推出《清洁能源和安全法案》，鼓励资本投资清洁能源和可再生能源的开发和利用，逐步转变依赖石油煤炭的生产方式。

美国的环保产业相当发达，主要有两种形式：一种是历史上存在的公共基础设施，如提供饮水、废水处理和废弃物管理。另一种是随着国内环保法规的制定与实施而迅速崛起的企业，绝大多数是私人公司，主要从事污染控制、污染补救等业务。美国的环保体制极大地促进了美国环保产业发展，这使美国环保产业在环境服务业的多数领域具有较强的竞争力，在设备领域领先其他国家。例如，美国在固体废弃物管理、环境工程、补救措施、分析领域、信息系统等方面处于领先位置；在环保设备领域领先的地位日渐巩固，创造了环保产业多数的出口产值和大型建设项目的管理权。同时，美国环保产业也重视迅速崛起的污染防治领域。美国在水和空气污染控制设备领域领先其他国家，在饮用水和废水处理系统的建设、管理和运营竞争中占有技术优势。

（五）主动参与的全民环保意识是环境治理的立本之基

在美国，除环保主管部门、专家系统和科研部门之外，规模庞大的民间环保组织和公众已成为美国环保的重要力量。20 世纪七八十年代，美国制定的环境法律中无一例外地将公众参与具体细化到每个环境政策制定中，授权公民可以就公众参与提起司法审查或者公民诉讼。此外，美国的环境非政府组织获得了长足发展，十大环保组织的会员总数显著增长。从 1965 年的不到 50 万人，增加到 1985 年的 330 万人，1990 年已发展到 720 万人。目前，全美民间环保组织已发展到 1 万多个，成为美国环保的重要组成部分。其中，最著名的是美国环保协会，该协会始建于 1967 年，现有 40 余万会员，其中有很多科学家和经济学家，涉足水、大气、海洋、人体健康以及食品安全等多个环保领域。该协会遵循平等高效的原则，凝聚科学、法律以及经济思想，与商业、政府和社区联手探索环保的新思路、新方案、新途径，着力实现环保与经济同步发展。由于民间环保组织在美国环保中发挥重要的作用，所以在美国社会具有很大的影响，美国环保协会主席成为美国总统的座上宾，其建议甚至可以左右美国的决策层。

民间环保组织在美国发挥越来越重要的作用，是与美国公众的积极参与分不开的，美国“小政府、大社会”的社会结构，为公众对环保的参与提供了制度保障。绿色文化已成为美国的主流文化，环保有广泛的社会基础和群众基础，公民对环保的参与积极性非常高。美国的民间环保组织资金主要来自公民捐款，而不是政府财政拨款。根据调查显示，在每年环保捐款中，企业捐款仅占 20%，而 80% 的捐款来自公民个人，公民每年个人捐款约占工资总额的 22%。全美有 60% ~70% 的家庭为环保捐过款。除捐款外，美国公民还积极参与各种形式的环保活动，如环保讲座、环保宣传、环保社区服务等。根据调查显示，18 岁以上的美国公民每年近一半的人做过义工，其中青少年所占比例明显多于成年人。这说明，广泛的公众参与已成为美国环保的坚强后盾，而青少年又是美国环保的一支生力军。

另外，美国的知名企业也都广泛参与环境保护。杜邦公司曾经是美国最大的化工企业，现在是美国循环经济搞得最好的大企业之一，其核心产业在 20 世纪 90 年代逐步退出低附加值、污染严重的传统化工领域，并转移到精细化工和高新材料方向，提出了企业 21 世纪的目标是减少在环境中的痕迹、增加在社会中的价值。

三、几点建议

当前，山东经济发展与环境政策选择面临两个主要矛盾：一是快速稳定的经济增长要求与相当有限的资源和环境支持能力的矛盾；二是以重化工为主导的工业化道路与有效地控制污染排放的矛盾。为尽量不走或少走弯路，我们应该借鉴美国等工业化国家在环境保护方面的经验和做法，创新生态建设机制体制，制定科学有效的政策措施，加大生态建设力度，大力推进生态文明建设，全面实现美丽山东的目标任务。

（一）完善环保法制体系

我国已确立了节约资源、保护环境的基本国策，提出了绿色发展理念、走可持续发展的道路、建设生态文明等一系列战略思想和重大举措，对推进生态环境保护和建设起了十分重要的作用。但是，加强生态环境保护法制建设是一个长期的过程，要不断地完善法律法规体系，消除在生态保护等方面存在的立法空白；不断地完善法律法规条款，增强法律法规的可操作性；重视对企业生产过程产生的污染物处置进行严格监管，建立环境责任终身追究制度，对造成重大环境污染事件的企业要依法从严处罚；切实落实环境保护责任，引导树立正确的政绩观，建立符合环境需要的考评机制。

（二）加强环境保护教育

要不断强化全民生态环保意识，倡导全社会的生态文明自觉行为，建立有利于生态文明的自律机制。加强党政干部、企业经营者、社会公众、中小学生等的生态环保教育，提高公众对湿地、流域水资源水环境保护的认知水平，推进形成崇尚自然、善待万物、遵循自然规律的生态价值理念。在中小学开设环境保护教育课程，提高公众的环境保护意识。健全公众参与机制、社会监督和信息公开机制，建立生态破坏和环境污染案件举报系统，实行环境质量公告制度，保障公众对环境保护的知情权、监督权和参与权。制定和完善鼓励公众参与环境保护的法律、法规和有关政策制度，鼓励各类社会组织和民间团体积极参与环境保护事业。加强新闻媒体对环境的监督作用，对污染事件进行跟踪和报道。

（三）加快经济转型升级

要进一步优化产业结构，促进低碳经济发展。大力实施产业升级计划，坚持发展先进制造业与现代服务业，加快发展新兴产业，改造提升传统产业，实现新旧动能转换，建设现代产业体系。要提高“两高”和产能过剩行业准入门槛，强化节能、环保、土地等指标约束，严控高耗能、高排放产业增长。要大力促进经济转型升级，把资源消耗、环境损害和生态效益纳入经济社会发展评价体系，进一步完善体现生态文明要求的考核办法、奖惩机制。严格地落实资源环境总量控制制度，确定全省主要污染物排放总量、水资源开发利用总量、土地开发利用总量控制红线，并将总量控制指标层层分解任务，落实责任，倒逼经济发展方式转变。

（四）大力发展循环经济

要将发展循环经济作为破解资源环境“瓶颈”制约、推进可持续发展、建设生态文明的战略性举措。要进一步优化农业生产方式，大力发展土地利用集约化、化肥农药使用减量化、水资源利用高效化、废弃物利用资源化。以绿色低碳循环为导向，加快发展新能源、新材料、生物技术与新医药等战略性新兴产业，促进产业结构优化升级，通过结构优化实现资源能源消耗减量。逐步形成和建立循环型产业体系和循环型社会体系，初步建立循环经济发展的长效机制。通过制度创新，提供有效的政策措施来推进循环经济企业的发展。同时，加大对环境保护产业，特别是环境污染防治领域相关产业的扶持力度，推进环保产业的快速发展。

（五）加强生态空间管制

通过划定“生态红线”，切实把自然保护区、集中式饮用水源保护区以及重要湿地、水体、山林等重要生态功能区严格保护起来，禁止与其主体功能不符的开发建设活动，进一步优化生产力布局和生态安全格局。按照党的十八大提出的生产空间“集约高效”、生活空间“宜居适度”、生态空间“山清水秀”的要求，正确处理好三个空间的关系。对涉水污染源实行排放总量与浓度“双控制”，全面整治城乡黑臭水体。加强重要饮水水源及南水北调水质安全保障。

（六）加大生态建设力度

要把大气污染治理摆在更加突出的位置，以更加坚定的意志、扎实的行动、严格的执法，努力解决雾霾等大气污染，持续改善大气环境质量。执行大气污染物第三阶段排放标准限值，健全大气污染联防防控机制。要加强江河湖泊环境保护，落实河长制。开展重污染土壤治理和修复试点。实施“绿满齐鲁·美丽山东”造林行动，严格保护各类湿地。全面推进山体复绿和矿山等废弃地治理，切实增强生态系统的自我调节能力。要加大生态创建工作力度，继续开展争创国家环保模范城市、森林城市、绿化模范城市等活动，开展环境保护督察，对环境违法行为实行联合惩戒。进一步发挥环境保护优化发展、改善民生、促进和谐的基础性、关键性作用，确保山东生态文明建设走在全国前列，为经济文化强省建设提供坚实的保障。

我们要向美国学什么

——关于赴美决策咨询培训的几点启示

济南市人民政府研究室　徐曙光

9月5日至25日，有幸参加了省政府研究室组织的赴美培训，我们聆听了美国公共政策有关专家的情况介绍，实地拜访了美国联邦政府和地方议会、政府等有关部门，参观了学校、污水处理、垃圾处理等市政设施和小城镇以及城市社区等，亲身体会了美国经济社会发展和自然历史文化保护等情况，可谓开阔了眼界、增长了见识、提高了能力，为进一步地做好决策咨询服务工作提供了很好的借鉴。我们要向美国学习什么？无论是出发前、考察中，还是回国后，这是始终萦绕在我们心目中的一个大问题。随着培训、考察活动的逐步深入，及回来后对这一疑问的反复咀嚼与思考，答案似乎日渐清晰，但尚觉粗浅。美国是典型的发达国家，经济、军事实力世界第一，中国既是最大的发展中国家，也是世界上经济最活跃、发展最快的国家之一。两个国家历史文化不同、发展阶段不同、政治制度不同、基本国情不同……甚至连白天黑夜也正好相反，存在巨大的差异，这往往给我们学习美国、借鉴美国带来了巨大的挑战。有人说，美国代表人类文明的最高峰，中国需要秉承拿来主义的原则，洋为中用即可。还有人说，两个国家太不一样了，我们应该根据自己的国情，走自己的路。而事实上，无论从历史唯物主义或辩证唯物主义的观点立场出发，还是从人类社会发展的一般规律出发，我们应该充分借鉴吸引包括美国在内的发达经济国家的新鲜经验，摒弃那些腐朽没落甚至敝帚自珍的做法，师夷长技、为我所用。下面我就从政治体制、经济发展和城镇建设三个维度，分析美国对我们发展的启示。

一、在政治体制维度，要学习美国政府相对精干、高效、有限的政府体制机制

这次赴美培训，给我们印象十分深刻的是美国向全世界兜售的所谓“民主、自由”的政治制度，已经由于其巨大的历史局限性和现实弊端，正日益滑入“寡头政治”“金钱政治”的深渊，各大财团和权贵阶层把持决策的走向，普通民众和社会底层人民的声音日益式微。但其政治体制经过几百年的洗礼与打磨，仍然有许多可资借鉴的地方。一是从顶层设计上来看，美国是站在欧洲肩膀上的国家，“三权分立”的政治制度，虽然在代表性、公正性和效率上广受诟病，但也不可否认的是，这种相互制衡的所谓“口水政治”，再加上社会大众和社会舆论对政府“有罪推定”的思维习惯，一方面使社会各阶层的声音能够及时反馈决策层，从而实现了所谓的“民主政治”；另一方面使政府的公共权力客观上受到了全面而深入的监督，这为减少决策失误、预防腐败奠定了一个较好的基础。美国立法、司法、行政机构的公职人员在行使公共权力的时候常常是战战兢兢、如履薄冰，依法行使公共权力成为习惯，公职人员一不小心就会轻则丢饭碗、重则面临牢狱之灾。二是从政府体制来看，美国政府大体分为联邦、州和地方三级政府，中央与州的权力范围由宪法加以规定，受宪法保护，双方独立行使，其权力不受侵犯，且其权力来自人民而不是对方。在权力的划分上，中央和州非常明确，

中央采取列举方式，宪法明确规定联邦中央究竟有多少项权力，各州权力采取概括和保留的形式，即除宪法规定属于中央的权限和禁止各州行使的权力外，其余权力均由各州保留。这样联邦政府和地方各级政府之间的权力边界十分清晰并且长期保持稳定，并且以分税制的形式赋予相应的财权，以保证各级政府的事权与财权相匹配。三是从权力运行上来看，美国联邦政府和地方各级政府管的事情较

少，原则上能不管的就不管，尽可能地发挥市场和社会的作用，呈现典型的“小政府、大社会”的特征。政府行使权力的程序相对简便，如政府在组织公共项目的招投标时，政府各部门都可以根据需要面向全社会组织招投标工作，发布招标公告、评标、中标和履行合同、绩效评价等程序相对简单，不像国内为了杜绝暗箱操作，搭建统一的公共资源交易平台，参与的主体众多，设计了非常复杂的

规则和程序，效率低下。

习近平总书记曾经指出，世界上既不存在完全相同的政治制度，也不存在适用一切国家的政治制度模式。“物之不齐，物之情也。”各国国情不同，每个国家的政治制度都是独特的，都是由这个国家的人民决定的，都是在这个国家历史传承、文化传统、经济社会发展的基础上长期发展、渐进改进、内生性演化的结果。因此，我们要旗帜鲜明、坚定不移地向“资产阶级自由化”说不，认真汲取包括美国在内的西方政治体制的经验教训，不断地完善和发展中国特色社会主义制度，走出一条坚持党的领导、人民当家作主和依法治国有机统一的中国特色政治道路，为中华民族的伟大复兴和长治久安奠定坚强的制度基础。一要坚定理想信念。我国的人民代表大会制度与中国共产党领导的多党合作和政治协商制度，是被历史和实践反复证明过的唯一正确的政治道路。正如邓小平指出的那样，“我们的制度将一天天地完善起来，它将吸收我们可以从世界各国吸收的进步因素，成为世界上最好的制度”。我们要毫不动摇地增强道路自信、理论自信、制度自信、文化自信，毫不动摇地坚持党的领导、人民当家作主、依法治国的统一，毫不动摇地在全面深化改革中不断推动人民代表大会制度与时俱进，推动协商民主广泛多层制度化发展，不断推动中国特色社会主义制度完善和发展，充分释放中国特色社会主义制度优越性，推进国家治理体系和治理能力现代化。二要抓紧厘清政府的权力边界。从着眼于建立一个精干、高效、有限的责任政府的角度，抓紧落实国务院关于政府机构改革的一系列决策部署，科学界定中央政府和地方政府之间、政府和社会之间、各级政府部门之间的权责边界，大力精简政府职能以及权力运行流程，加大政务公开和社会监督的力度，切实打造一个体制科学、机制完善、精简高效、监督有力的服务型政府。三要大力推进依法治国。依法治国是社会文明进步的重要标志。从国家和民族的角度上来看，通过立法和严格司法，确认和保障公民的权利，使其不受侵犯；设定和约束国家的权力，使其不被滥用，从而保障一个国家的长治久安和民族的可持续发展。从发展经济的角度来看，市场经济首先就是法治经济，只有建立完善的与发展市场经济相适应的法律体系，才能保障市场经济制度的健康运行。要强化“法律至上”的法治观念，在国家政治、经济、社会、文化生活中强化法律的最高权威地位，使法治思维、法治观念不因人而立、因人而废、因人而用、因人而弃，在全社会形成尊法守法用法的法治习惯、法治文化和法治氛围。要坚持依法行政，尤其是各级政府要坚持民主决策、科学决策、依法决策，健全决策程序，强化决策责任，依法行使法律赋予的权力，所有行政行为都要有法有据、程序正当，并进一步加大政府信息公开力度，主动接受全社会的监督。要公正司法，着力解决影响司法公正、制约司法能力的深层次问题，破解体制性、机制性、保障性障碍，加快建设公正、高效、权威的社会主义司法制度，让人民群众在每一个司法案件中都感受公平、正义。

二、在经济发展维度，要学习美国重视人才、鼓励创新、有限干预的制度优势

美国之所以能够成为世界第一的经济强国，主要得益其网罗全球精英的人才战略、鼓励创新的社会氛围和有限干预的经济政策。一是在人才方面，美国多年来一直把大力培养本国人才、设法引进和留住外来人才及合理、高效使用人才作为基本国策。首先，美国历届政府均视教育为立国之本，并把发展教育作为国家的战略重点，相继通过了《国防教育法》《美国 2000 年教育战略》等法案和报告，极力呼吁为未来储备高素质的人才资源。公共教育投资占 GDP

的比重长期稳定在4.8%以上，且每年都至少递增几百亿美元。其次，美国政府长期以来重视人才引进，利用灵活多样的移民政策、教育政策和人才政策等从世界各地网罗人才。近年来，到美国各大学留学和深造的外国留学生每年都超过20万人，这些人毕业后大多留在美国工作。其次，美国还通过不断修正移民法，以挑选的方式，吸引众多外籍科技和专业人才，并充分利用这些人才的技术、智慧和资本来加快美国经济与科技的发展，从而使美国在科技领域始终保持国际领先地位。美国智库兰德公司调查认为，美国最大竞争优势仍然存在，其动力来自全球最优秀人才在为美国工作。二是在创新方面，美国是创新大国，有着一系列鼓励创新的社会制度，从学校教育到专利政策，从人文环境到金融支持，在制度上有周密的设计。美国一直是世界上最大的研发投资者，其研发方面的投资占GDP总量的2.8%，2014年的投资额度达4650亿美元。美国绝大多数州都拥有3~5所世界一流大学，学校教育在教学理念、教学方法等各个环节都十分注重营造鼓励创新、宽容失败的氛围。美国政府为了鼓励R & D经费投入，把企业在该部分的经费投入与一般性投资区分开，实行“税款抵扣”“减免所得税”的双重优惠。在种子期和初创期，美国的税收优惠侧重事前扶持。而在成长期和成熟期，税收优惠的重点则更倾向事后激励。事前扶持与事后鼓励并用，以事前扶持为主，是美国促进高新技术产业发展的税收优惠政策的成功经验。在科技前沿技术的研发方面，美国政府一直致力支持前沿技术产品的开发和国内生产。政府对开发新技术产品的支持，促进了许多有重大影响的新型产业的兴起与发展，这些产业包括电信、无线电、飞机制造、核能、计算机和互联网等。另外，美国长期实施鼓励技术移民的政策。来自海外的高智商和高学历移民为美国创新系统补充了大量的人才，对生物技术、信息技术等新兴产业领域的发展发挥了巨大的促进作用。三是在经济政策方面，美国是典型的市场经济国家，奉行有限干预的经济政策，采取货币的、财政的、行政的、法律的、产业的政策来弥补市场经济私人垄断不可避免、两极分化日趋严重、经济波动愈加频繁、公共服务缺失等先天缺陷，以达到稳定增长、促进就业、控制物价、收支平衡的目的，促进经济持续稳定发展。尤其在微观经济领域，美国千方百计减少政府干预，几乎不为投资创业设置任何障碍，甚至你只要告诉政府有关部门企业的名称，就可以创办一家公司，而没有诸如国内的注册资本、人员组成、办公地点等其他方面的限制，为民众创业和中小企业的发展提供了广阔的舞台。而其市场监督向来以严著称，实施宽进严管的政策，特别是在食品药品安全、生态环境保护、质量安全、企业信息披露等领域实施严格的监管，确保市场经济按照法定的轨道正常运行。

美国的市场经济制度经过几百年的发展，已经建立了完善的市场经济理论体系、宏观调控体系、法律制度体系和市场监管体系等，其在宏观以及微观领域的许多做法值得我们借鉴。当前，体制不活、人才不足、创新不够既是制约我国经济转型的主要矛盾，也是影响市场机制发挥的深层次矛盾，必须加紧解决。一是要以加快政府职能转变为抓手，进一步理顺政经关系。以建立完善的市场经济体系为目标，进一步转变政府管理经济的理论、思路和方法，尽快摒弃传统计划经济时代的影响，进一步大幅度减少政府对微观经济的干预，最大限度地激发市场的活力。特别是加快改革前置性审批制度，加快垄断行业体制改革，毫不动摇地鼓励、支持、引导非公有制经济的发展，降低民间资本准入门槛，拓宽民间投资领域，为各种资本有序地进入和不同市场主体的平等竞争提供制度保障。尤其要进一步形成鼓励创新创业的市场准入制度，尽可能地精减各种前置条件，努力形成大众创业、万众创新的良好氛围。二是深入地实施人才强国战略，进一步加快建设创新型国家。要坚定不移地落实人才强国战略，树立和落实正确的科技人才观，营造优秀人才能够脱颖而出和充分施展才干的良好环境，以培养造就战略科技专家和选拔凝聚科技尖子人才为重点，带动整个科技队伍的建设，努力形成一支德才兼备、结构合理、素质优良的宏大的科技人才队伍。要继续推进科技体制改革，充分发挥政府的主导作用，充分发挥市场在科技资源配置中的决定性作用，充分发挥企业在技术创新中的主体作用，充分发挥国家科研机构的骨干和引领作用，充分发挥大学的基础和生力军作用，进一步形成科技创新的整体合力，加快建设创新型国家步伐。三是完善社会创新体系建设，加快形成鼓励创新、宽容失败的社会环境。要改革高校人才培养模式，高等院校要适应我国创新型国家建设的需要，设计更加灵活、先进的学习制度和学习模式，开设更多的创新创业指导课程，吸纳聘用更多的创新创业指导教师，安排更多的创新创业实训基地，努力提升高校的创新创业教育水平。要加大创新创业政策扶持力度，增加创新创业资金支持

额度和受益面，财税、工商、社保等部门应更好地负起主管部门的责任，增加政策信息透明度，简化审批手续，放宽经营条件，吸引社会风险资金的支持。要积极地引导金融机构加大对科技企业特别是小微科技企业的信贷投入，深化科技与金融的结合点，加强科技、财税、金融等方面的政策协调，形成推进科技金融发展的政策合力。要大力加强创业文化建设，在社会上真正形成一种勇于创业、尊重创业、敢于创新、宽容失败的社会风尚。

三、在城镇建设维度，要学习美国以人为本、特色突出、专业精细的发展模式

美国天蓝、地绿、水清的良好生态环境和各具特色、干净整洁、配套完善的城镇形象，给我们留下了深刻的印象，这既得益美国地理优越、幅员辽阔、人口相对稀少的自然条件和绿色、低碳的经济结构，也得益于美国以人为本、科学规范、精细专业的城镇规划建设管理模式，非常值得我们借鉴。一是相对松散的城镇建设模式。美国国土面积辽阔、人口相对稀少，尤其是人均占有耕地资源十分丰富，这就决定了美国的城镇发展模式以松散型为特征，除纽约等少数大城市外，美国绝大多数城镇土地开发强度、人口密度相对较低并且有非常严格的管控措施，与我国相比，美国市区人口超过300万以上的特大城市非常少，相反100万人口以下的中小城市相对较多，城市建筑松散地分布在山川、河流、森林之间，城乡界线模糊，田园城市的韵味浓厚。这次我们先后访问的华盛顿、纽约、巴尔的摩三个城市，除纽约曼哈顿区以外，其他城镇和地区人口密度和开发强度非常低，二十几层以上的建筑很少见到，相反到处是大面积的绿地和公园，松鼠、野鹿和鸟类等野生动物与人和谐共生，城市生态系统和人居环境十分优越。二是以人为本的城镇建设理念。美

国的城镇建设坚持从有利于人类居住出发，无论是城市开发强度的控制还是市政设施和服务设施的布局，都充分考虑了适宜人类的生产生活。美国由于城镇市政设施建设年代久远，其建设标准与国内相比甚至较低，但大到居住、能源、商服、交通、管网、绿地的用地布局，小到停车场、垃圾集运、邮政、充电、公共座椅、取水点、厕所、无障碍设施的建设，处处体现了以人为本和方便、实用的原则。相反，任何一个城镇，都没有刻意的大广场、大马路和地标性建筑的建设，取而代之的却是匠心独运的小设计、小设施，充分体现了对社会各阶层、各群体的关怀。特别需要指出的是，由于发展阶段的不同，美国已经进入后城市化阶段，城乡之间公共服务和基础设施的差别已经完全消失，甚至由于乡村设施的日臻完善和生态相对更好，再加上交通十分便捷，许多中产以上阶层纷纷选择到小城镇和乡村居住，大城市呈现没落的景象。三是全方位的历史文化保护措施。美国是一个历史不太长的国家。如果从 1776 年 7 月 4 日宣布独立算起，美国的建国史仅为 240 年。然而美国却是世界公认的对历史文化遗产极为重视，并对文化遗产保护得最完善的国家之一。这次赴美培训，我们无论是到华盛顿、纽约这样的大城市，还是到巴尔的摩这样的中小城市，甚至到一个小城镇、一个社区去考察，无处不在的博物馆、纪念馆、艺术馆和历史文化建筑，给我们留下了深刻的印象，也使我们对美国的历史文化遗产保护工作心生敬意。首先表现为机构健全，美国成立了美国国家公园管理局和直接向美国总统和国会负责的历史遗产保护咨询委员会，各州和地方市县也设有历史遗产保护办公室，再加上各地民间的文化遗产管理团体，形成了纵横交错、责权分明、相互配合的国家文化遗产保护系统。其次表现为法律完备，先后颁布了《联邦文物保护法》《国家公园系统组织法》《历史遗址与古迹法》《国家历史保护依托基金法》《国家历史遗产保护法》等一系列法律，各州也制定了针对性更强的法律法规，从联邦到地方形成了体系完备的法律法规体系。四是公众积极参与。以最早设在费城的美国联邦政府楼即美国独立宫为例，它是当年英国统治下的 13 个殖民地宣布脱离英国，通过《独立宣言》的地方。1816 年宾夕法尼亚州政府已计划拆除该建筑，然后出售地皮。消息传出后，大批市民聚集起来强烈反对政府的出售计划，迫使费城市政府斥资 7 万美元购买了这块地皮，终于保留了这幢历史建筑和周围的土地，才有了今天这处国家独立历史公园和世界文化遗产。这些分散在各地的文化遗产保护民间力量在美国的文化遗产立法、国民文化遗产教育、资金筹措等方面发挥了重要的作用。五是专业精细的城市维护和管理。在美国的任何一个城市，我们往往觉得其城市建筑各具特色，但又是那么的和谐统一，充分体现了这座城市的性格和特色，这其实是和其严格、专业、精细的城市管理分不开的。美国的城市规划体系和法规体系十分完备，并且长期保持规划和法规的稳定性，有的城市规划如华盛顿甚至是 100 多年前确定的。如果开展城市项目建设，无论是城镇还是乡村，都要履行严格的审批程序，无论是规划选址，还是建筑体量、外观、高度、色彩，都有十分严格的规定，不仅要经过政府严格控制的审批，还要充分征求社区和“邻里”的意见。因此美国的建设项目审批论证的周期较长，但恰恰是这种严格的审批和审查保证了城市规划的严格执行，最大限度地减少失误。在市政设施的维护上，大到城镇垃圾、污水的处理，小到街道、马路以及建筑外立面的冲洗和清扫，充分体现了城市管理的科学性、专业性和标准化，城镇管理步入科学、成熟的发展阶段。

我国是一个人多地少的国家，尤其是耕地资源十分珍贵，这就注定我们的城镇发展模式必须统筹人口、资源、环境，走紧凑型的发展模式，走一条资源节约、生态良好、集约高效的城镇化发展道路。针对当前我国城镇发展进程中面临的挑战和薄弱环节，借鉴美国城镇发展的经验，我感到应重点在以下四个方面下功夫：

一要大力推进城镇建设模式转型。当前我国城镇建设依然存在顶层设计不科学、空间结构不合理、规划建设贪大求洋、城镇特色不突出、土地资源浪费严重、维护管理粗放缺位、生态环境破坏严重等问题，如不抓紧扭转局面，不仅造成了资源的严重浪费和人居环境的持续恶化，而且会威胁人民群众生命财产安全和国家安全战略。当务之急，在国家层面，一方面要从严控制城镇建设规模，突出主体功能区规划、城镇体系规划的引导控制，抑制地方盲目做大城市规模的冲动；另一方面出台更加严格的历史文化遗产保护、生态环境保护的法律法规和落实举措，最大限度地保护老祖宗留下的人文资源和山水资源。在地方层面，省市要统筹人口资源环境和经济发展规律，合理确定城市发展规模，逐步把城镇建设的重点从规模扩张为主调整为以内涵提升为主，以大拆大建为主调整到强化管理为主上来，以追求高速度为主调整为以提升质量效益为主，以追求短期效益为主向促进城镇全面协调可持续发展为主上来，推动城镇规模建设模式转型发展。

二要加强自然生态和历史文化特色保护。世界城镇发展的模式充分表明，一个城镇能够走向强大甚至走向世界，从来既不是城镇规模也不是城市的高度来决定的，而是由城市的以自然生态、历史文化为要素的城市特色和内涵所决定的。以济南为例，独特的自然山水资源和历史文化资源是济南的立城之本、强市之要。在当前经济社会发展条件下，只要解放思想、开拓思路，不仅能够很好地处理好经济发展与生态和历史文化保护之间的关系，而且完全有可能把这来之不易的自然历史文化优势转化为经济优势和发展优势，泉城不仅可看、可爱、可恋，而且可彰、可变、可发展。要坚定不移地高举“泉城”这个世界上独一无二的名片，把爱泉、护泉与彰显泉城特色摆在经济社会发展特别是城市规划建设管理的核心位置，通过观念创新和方法创新，让泉水成为“泉城”济南的核心竞争力和走向世界的最大筹码。

三要以人为本推进城镇规划建设。城市是人的城市，城市的发展要坚持以满足人的需求为核心。这一个看似简单的道理却被我们这些城市的决策者们屡屡踩在脚下。为什么那些为政者都钟情那些看得见、摸得着、见效快的大拆大建？为什么地下管网这些城市的良心总是被忽略？其根本原因是背离了以人为本这个基本的出发点。作为济南，当前要积极适应城镇化进程的特点和规律，以中央城市工作会议精神为指导，在城市建设的思路上，要牢固树立以人为本的发展思路，围绕打造宜居宜业的人居环境为目标，进一步地完善城市体系、调控用地布局，促进中心城、卫星城和次中心城市、小城镇协调发展，最大限度地提高空间利用效率，又要最大限度地防止“大城市病”。在城市建设的重点上，在大力推进中央商务区、轨道交通、高快一体等重点片区、重大基础设施建设的同时，逐步把城市建设的重点转变到城市自然历史特色保护、环境保护与生态改善、城市有机更新和配套设施完善上来，在大力完善城镇基础设施、提高城镇承载能力的基础上，进一步提高城镇特色品位和人居环境。

四要积极推进城市管理方式变革。随着城市规模的不断扩大，城市管理重视程度、管理方式、管理水平越来越跟不上城市发展的需要和人民群众日益增长的要求，基础设施维护不及时、服务设施缺失、城市秩序失范和环境脏乱差的现象日益突出。在规划管理上，要继续完善城镇规划体系，提高规划的前瞻性、科学性、控制性和权威性，尤其要加强城市特色、城市生态和历史文化遗产的保护，加大城市开发强度、密度、建筑风格及色彩等方面的管控，完善能源、路网、公园绿地、垃圾收运、污水处理、公厕、商服等基础设施，坚决扼制违法、违章建设蔓延的势头，着力提高城镇发展的质量效益。要充分利用大数据、移动互联网的优势，在完善相关技术支持措施的前提下，逐步地推进城市社会治安、设施维护、环境卫生、防汛消防、公共服务等城市综合管理的一体化、网格化、智能化和标准化，提高城市管理的效率。要充分依靠市场和社会的力量，采取政府购买服务或服务外包的方式，着力提高城市管理的市场化、专业化、精细化水平，推动城市管理方式转型。

美国智库发展对我市智库建设的启示

淄博市人民政府研究室　高乾长

2016 年 9 月 5 日至 25 日，笔者随省政府研究室组织的山东“公共政策决策咨询研究团”赴美参加了为期 20 天的“重点公共政策决策咨询研究方法培训”，其间有 7 位美国专家教授围绕公共政策决策咨询进行授课，先后参观了美国农业部、美国国家公共广播电台等 7 个联邦、州、市政府机构。和美国政府官员、大学教授、公共事业单位管理人员等进行了交流和讨论，对美国公共政策决策咨询，尤其是智库发展方面的问题进行了一些了解和思考。

一、美国智库的基本情况

智库起源美国，在其 100 多年的发展演变中，对美国公共政策的制定和美国社会各方面的发展都产生了重要的影响。智库最初是指二战期间美国的军事人员和文职专家讨论作战计划的保密室。后来泛指一切以政策研究为中心，以影响政府公共决策为目的、非营利性的、独立的研究机构。智库对美国公共政策的制定和美国社会各方面发展都发挥了巨大的作用，这体现了美国智库独特的角色和功能。

美国是国际上公共政策研究与咨询业最发达的国家，在全球 6000 余家智库中美国就占了 2000 余家，在智库十强国家中，比其他九国的总和还要多。

智库在美国内政外交政策的制定中发挥重要的作用，它以全面的分析研判、与政界广泛深入的联系以及在社会公众中的影响力，左右美国政治、经济、社会、军事、外交、科技等方面的重大决策，乃至有关国学者将智库视为继立法、行政和司法之后的“第四部门”。

（一）美国智库的四种类型

1. 官方设立的政策研究机构。如白宫的总统经济顾问委员会、联邦各部门设立的政策分析机构、较大的州市政府设立的政策分析机构。

2. 政府合同型政策研究机构。由政府提供研究经费和委托合同，为政府提供政策咨询研究报告。例如，兰德公司、哈德逊研究所、城市研究所以及很多大学设立的政策研究中心。

3. 独立型政策研究机构。主要由独立的公益性团体或个人设立和资助，既没有政府资助，也不接受可能影响其研究独立性的利益团体的捐助，就公共政策发表独立的研究报告，如布鲁金斯学会、卡内基研究会等。

4. 游说推销型政策研究机构。他们由特定的利益团体设立，或接受特定利益团体的资助委托，发表的政策分析报告更多地代表了特定利益团体的观点。他们非常热衷向政府、媒体和社会公众游说推销自己的观点和主张，以达影响政策决策的目的。

（二）美国智库的特点

1. 强调研究的独立性、客观性。一是与政府关系紧密。虽然和政府保持密切的联系，依靠政府的政策支持，得到政府的优惠资助，优先获政府的咨询项目，甚至吸纳了不少政府机构卸任人员。但是，又不隶属于政府部门，他们具有相当的独立性，其研究过程、研究结论均不受制政府，各政府部门无权干预智库的研究咨询工作。二是通过投标政府项目取得课题。政府部门需要咨询服务时，一般采用招标方式，委托智库自主进行，被咨询人员和被咨询机构不受任何政治力量和利害关系的左右，他们站在客观独立的立场上，凭借自己的信息资源、业务准则、智力判断来获得结论和提供咨询。美国智库的这种独立性确保了咨询行业的自主立场和超脱态度，保证了咨询服务结果的客观性和科学性。三是独立性只是相对的。虽然美国智库一般都强调自己的“非营利性、独立性和无党派”色彩，但实际情况则要复杂的多。智库一般都有董事会全面负责研究计划、立项以及执行核查，并“保证智库的独立性”，但这种独立性只是相对的。一般，智库建立之初就有自己的定位，或保守，或中性，或激进。而且，董事会成员的背景和理念也决定智库发展的方向和研究趋向，特别是一些完全依靠美国政府和军方合同的智库更难保证其独立性。

2. 强调自身特色，专业性较强。一是重视研究成果的实用性，不进行纯理论研究。美国咨询业的成熟发展客观上要求高素质的从业人员。美国智库一方面专业分工越来越细、服务越来越多样化，另一方面综合性越来越强，以应对复杂性、综合性大型课题的咨询需要，为大型企业和政府部门提供关于重大课题的咨询服务。二是拥有大量高素质的复合型人才。美国咨询业对从业人员的要求非常严格，不但要求从业人员有较高的专业知识，还要求从业人员要有其他领域的研究视野，同时又要有职业道德和咨询经验。绝大多数咨询公司都拥有很高比例的硕士、博士学位人才，及相关专业方面的专家，甚至还有大型公司和具有政界管理经验的高层人士，其人才优势非常明显。

3. 高度重视政策咨询成果的质量。智库政策咨询成果的质量主要体现在三个方面：一是成果的创新性、实用性和针对性。“提出政策理念是思想库的基本任务”，能否针对经济社会发展中遇到的重大战略问题和关键问题提出新思想、新论断、新理论，剖析问题的深层原因，提出富有针对性和实效性的新举措是智库成功的第一要素。布鲁金斯学会、兰德公司、斯坦福研究所等能成为国际一流的智库就源于其新思想、新观点、新理论。二是研究分析的科学化。三是建立了严格的质量管控和成果评价机制。美国智库都很重视咨询研究的质量管理，每个管理库都有一套严格的成果评审制度。为确保研究质量，兰德公司制定了一套严格的考核标准。考核包括内部考核和外部考核两个部分，每 4 年或 5 年进行一次。内部考核是各研究部门的管理团队对自己部门的研究质量进行内部评级和总结。在进行内部考核的基础上，由来自兰德公司以外的考核人员、兰德公司其他部门的人员负责进行外部考核，以确保研究质量及研究成果的权威性。

4. 灵活、完善的用人机制及良性的人员流动机制是智库发展的根本。一是根据战略定位确立较合理的人员结构。由于智库机构的特殊性，一般要有一些高端领军人物，要求高、中级研究人员占较大比重，一般是两头小，中间稍大。也需要一批与之相配合的研究力量、管理团队和服务人员，形成在相关领域研究咨询竞争力的基础。同时，统筹人员的引进、培养和考核，注重人员来源的多元化和学术背景的多样化。二是广泛借助外力为己服务。如通过广泛聘用研究员、客座研究员、高级顾问等多种方式，扩大智库专业人员的视野，提高研究水平。三是以项目为载体吸引人才。组织人员进行跨学科综合性研究，建立非常广泛的专家学者网络。

5. 具有高效的市场营销能力。美国智库竭力采用各种方法追求对舆论影响力的最大化。作为生产策略和思想的工厂，其主要的目标受众是政府决策者和社会公众。进入21世纪，随着网络的快速发展和信息传播的全球化，美国智库与时俱进，竭力强化其研究成果的传播力度，积极采取各种方式和渠道增强自身的影响力。通过人际传播、组织传播和大众传播等，扩大智库的舆论宣传。比如，借助“旋转门”机制赢得官方的重视支持；通过智库协会、行业组织，甚至官方团体等传播智库的研究成果和案例效果；通过各种传播媒介，如纸媒介、电子媒介等，拓展新型的传播途径，引导舆论助推智库的影响力。

6. 智库发展越来越全球化、国际化。一方面，美国的超级大国地位，使它更广泛地涉足全球各地区的事务，必须时时应对来自全球的挑战，需要智库提供具有全球性视野的解决方案和建议；另一方面，美国国内经济、社会问题不少，超级大国的地位受到来自各方面的挑战，美国更需要转移国内矛盾和应对国际挑战。美国智库也随之越来越国际化，研究方向从原来冷战时期主要针对苏联等国家转移扩大到研究各主要地区的经济、政治和社会问题。

（三）美国智库影响政府决策的途径

1. 出版著作、期刊或提出研究报告。这是美国智库影响政府施政纲领的一种传统而重要的渠道。这种方式是以书面的直观形式向政府展现他们的研究成果，为政府决策服务。美国各大智库都会定期出版发行刊物，发表本智库的最新研究成果，内容涉及国家内政、外交等多领域，目的是在学术思潮和社会舆论等方面影响政府决策。

2. 发布最新研究成果。智库还通过研究报告、快报以及年度报告等形式向外界介绍自己的最新研究成果。研究报告和快报以篇幅比较简短的政策分析报告的形式，就当前一些重要政策问题和突发事件等发表本智库研究人员的见解，通过相对快捷的方式发表出来，引导公众舆论。

3. 参加和组织各种活动。一是参加国会听证会。国会在美国的政治生活中发挥举足轻重的作用，各个智库竞相借助国会听证会的平台，展现自己对政府决策的影响力。有的智库还设置专门的部门与国会保持联络，它们通过提供咨询服务和协助制定议案等途径影响国会的决策。二是召开各种会议和研讨会。通过经常召开各种会议和研讨会，邀请社会知名人士、政府官员、著名学者、民间代表，甚至外国领袖等不同领域的代表进行研讨，他们可以及时地了解政府政策走向和民众意愿，确定自己的研究方向和目标；同时也借助这些代表把智库的政策理念传递给政府决策者和社会大众。

4. 借助各种大众传媒，引导社会舆论。智库的社会功能之一就是生产思想并引导社会思潮，进而影响政府的决策。思想倾向上相近的智库与媒体之间是一种相互依存的关系。媒体是传播智库政策主张的载体和推动者；智库为媒体提供大量新颖的思想观点和政策主张。因此，智库要证明自身的价值和意义并超越竞争对手，就必须重视对外传播，注重媒体公关以及传播策略。智库借助电视、广播、网络和电影等多种传播方式，就政府关注的问题和国内外重要事件发表评论，提出对策，提高公众的关注度，以期达宣传主张、制造舆论和影响政府决策的效果。

5. 承担政府委托课题。这既是智库与政府之间的一种传统业务关系，同时也是一种合作关系。政府把相关课题和研究项目交给智库来完成，希望发挥智库的集体智慧，对某些现实性问题进行综合研究，提出切实可行的对策和实施方案，专业对口或知名度高的智库更容易获得政府的委托课题。通过承担政府委托课题，向政府部门阐述自己的政策主张。

6. 通过咨询，发表声明影响政府决策。美国法律明文规定政府制定政策时必须有咨询论证的环节，这为智库影响政府决策提供了有利条件。智库可以在为政府决策做咨询论证时融入自己的价值理念，向政府表明本机构对此类问题的看法，直接影响政府决策，这是一种简单而直接的作用方式。当国家发生重大或突发事件时，因时间的迫切性和问题的严重性，智库也可直接发表声明，为政府的应对措施提供建议和参考。

7. 向政府机构输送人才。智库的某些精英在成名之后会被吸纳到政府部门任职，由政策分析家晋升为政策决策者。这是智库直接对决策发挥影响的又一种方式，因为这些核心人员进入政府决策机构之后就可以直接作用于政府决策。他们也就成为智库和政府之间的桥梁，既可利用职务之便为所在智库提供更多信息，又可争取更多的研究项目和课题。同时还可寻找机会直接向政府推介智库的研究成果，增加被政府采纳的机会，使研究成果的理论价值转化为实际价值。

二、美国智库发展对我市智库建设的启示

中共中央办公厅、国务院办公厅印发的《关于加强中国特色新型智库建设的意见》，明确了我国新型智库建设的发展任务和发展路径，必将推动我国智库的快速健康发展，涌现一批影响广泛的世界一流智库。因此，我市要进一步增强智库改革的紧迫性，努力适应智库建设的新要求，重点可以从以下七个方面推进：

（一）进一步提高智库在政府重大决策中的参与程度

要重视智库在政府决策中的重要作用，把听取和吸纳智库的意见建议，作为决策的重要一环，作为政府科学决策、民主决策的重要内容。

1. 要高度重视智库在政府决策中的作用。自进入21世纪以来，全球化和信息化带来信息的爆炸性增长，使制定公共政策的成本和难度增加了，传统的拍脑袋决策和政府内部研究已经很难满足政府科学民主决策的需要。特别是全面深化改革和依法治国的今天，政府决策需要考虑的因素大大地增加，权力利益的博弈日趋复杂，决定了公共政策的制定是一个非常复杂烦琐的过程，极大地考验各级政府的决策能力。而智库作为专门从事公共政策研究的专业机构，其对全局性问题和公共政策相关方的利益考量相对比较周全。而决策的信息来源、思想来源和事实来源又决定决策的质量和水平，因此有效发挥智库功能，将智库纳入地方政府的决策参考体系，将会大幅度地提高政府决策的科学性、平衡性和有效性。

2. 要畅通智库咨询建言渠道。目前，虽然中央越来越重视智库的意见和建议，经常召开座谈会听取专家建言。但是，由于我国没有相关法律保障，智库建言的渠道还是相对狭窄，一些地方重要智库领导无法列席当地党委和政府的有关会议，不仅无法及时获悉党和政府的所思所虑，而且也难以在第一时间提交智库的相关建议。因此，建议进一步完善我市重大行政决策专家咨询制度，由智库专家对政府公共决策特别是重大决策过程进行严密、科学而理性的决策咨询和论证，使智库咨询成为重大决策程序的必经程序。同时，要建立公共决策咨询招标和采纳制度，建立决策机构对智库咨询意见的回应机制。

3. 要善于整合利用智库的研究成果和政策建议。智库参与政府的决策，只是为政府部门提供可能的备选方案，不同智库对同一个问题的研究结果可能不同，会出现许多不同的意见，甚至完全相反的意见。但是政策最终如何制定，还是由政府通过吸纳各方面意见，结合本地实际，最终研究确定。因此，政府要善于分析、比较、整合各类智库建议，吸纳合理的建议及建议中合理部分，去除不合理建议及建议中不合理部分，最终在集思广益的基础上，形成比较科学的决策。

（二）要保障智库研究的独立性

从美国智库的发展历史看，智库之所以被称为智库，很重要的一个判定标准就是其独立性。如果独立性缺失，智库的研究就会有倾向性和功利性，就会因为某种隶属关系或者利益相关而沦落为某一或某些利益集团的传声筒，以致其公信力、公正性、公共性尽失。

1. 要允许智库保持研究的独立性。智库的独立性是指在与党和政府的路线、方针一致的情况下，在承接项目和建言献策中，秉持中立、公正、科学和客观的原则，不为委托方的局部利益而损害公共利益。

2. 要善于听取智库的意见。政府决策往往具有一定的政策惯性，路径依赖，甚至部门利益。由于智库处于相对独立的第三方，其研究成果和政策建议，可能会与政府原定的政策方向存在较大差异，有的甚至可能正好相反。如何在科学比较的基础上，有效吸收智库的合理建议，不仅对科学决策关系重大，也体现政府吸纳不同意见的能力和水平，而且还会对智库的发展形成良好的外部导向。因此，政府各部门不能干预智库的研究咨询工作，应该鼓励智库专家更多地开展独立研究，提供第三方的中立建议，这不仅有助政府通过在不同智库政策方案的比对中实现“兼听则明”，优化原有政策的目标，而且也确保了智库的独立研究空间。

3. 推进现有公办智库的改革。虽然我市拥有很多的官办研究机构，但是大多依附政府部门，由于体制约束，很难做出高质量的独立研究。要结合我国事业单位改革，按照行政管理体制改革和事业单位分类改革的要求，遵循智库发展规律，加大社会化改革力度，推进不同类型智库管理体制改革，使智库在研究中有更多的自主权和话语权。强化政府在智库发展规划、政策法规、统筹协调等方面的宏观指导责任，创新管理方式，形成既能把握正确方向又有利于激发智库活力的管理体制。

4. 鼓励支持民间智库发展。要重视发展多元化的智库组织，鼓励社会组织和个人发展各类智库，从政策上引导鼓励企业、个人向智库捐资，逐渐形成以公办智库为主，各种性质的智库共同发展的新格局。各类智库的蓬勃发展，能使社会各界的利益得到有效、公开的表达，并通过智库研究有效、有序地参与公共决策，从而促进决策的科学与民主。

（三）要厘清智库与市场的关系

智库是非营利性的公共服务机构而非企业，不以谋取利润为基本价值取向，所以政府要监督智库，避免使其卷入经济利益的漩涡，以追求效益为主，急功近利，偏离发展的方向。但是，智库产出的思想产品又必须接受市场的检验。其所面对的市场是以政府和决策者为主要消费对象的公共政策消费市场，有市场就不可避免地出现竞争，竞争力的大小决定生命力的强弱。这就要求智库必须拿出高质量的、符合政府决策需求的研究成果来满足公共政策消费市场的需求。全球化时代，随时随地产生新问题、新情况，如果智库无法捕捉这种瞬息万变的市场需求，结果可想而知。所以，智库的研究方向一定要有前瞻性，要适应政策消费市场的发展需求，只有这样智库的价值才能实现最大化。

（四）要厘清智库与学术的关系

智库与学术机构无论在发展定位还是思想产出等多个方面都有本质的不同。智库是以影响政府公共政策为目的、以政策研究为核心的研究机构，不以学术研究、学科建设为己任，区别大学和一般研究机构的学术研究，主要从事实用性、针对性、操作性强的政策研究。智库以影响公共政策选择为存在的价值，决策者是否采纳智库的政策建议是判断其影响力大小的主要标准。虽然智库所从事的内容有学术因素，但是其主体应该是政策性的，也就是其所从事的工作应该是政策研究而非学术研究，其研究过程和思想产品必须坚持明确的政策导向。同时，政策研究也需要遵循学术的科学性、严谨性特点，而不是简单的时事评论或者政策分析，这样产品才不至于因为缺少思想厚度，没有理论支撑缺乏说服力。总之，智库就是要在明确的政策导向下，以严谨的学术素养来寻求解决现实问题的方案，从而实现影响决策、影响公众、影响媒体的目标。

（五）加强研究成果向决策咨询的转化效率、增强智库的影响力

要积极采取措施，支持智库完善科研成果转化机制，拓宽成果转化渠道，提升成果转化效率。建立智库与政府之间的顺畅通道，使更多的成果进入政府决策。建立全媒体的成果发布机制，注重智库与媒体的互动，加强政策效果和社会影响反馈机制。在增强影响力方面，一方面要根据研究成果的不同属性，以内部决策专报、公共学术报告、报纸、电视、电台、社交网络与自媒体等不同形式扩大成果的影响力；另一方面也要注重加强对智库人员媒体沟通能力的培训，形成自己的传媒推广战略和媒体形象设计。

（六）加快打通智库人才“旋转门”

要建立和健全智库人才在智库和政府之间流动的体制和机制，

使智库中的杰出人才能够到政府任职，直接为政府决策服务；而政府中的干部也到智库中任职，使智库的研究工作更能贴近政府需求，更多的研究成果影响和进入政府决策。

1. 要引进培养一批智库急需人才。智库人才既要有扎实的专业知识和开阔的视野，又要有对国情市情的充分了解和丰富的实践经验。要明确发展目标，制定个性化的培养方案。进一步畅通渠道，吸纳社会优秀人才，吸引各种专业人才到各类智库工作。同时也从现有智库中选拔政治素质好、研究能力强的研究人员进行重点培养。

2. 鼓励引导有实践经验的政府官员到智库工作。政府官员具备对政策的敏感度，有规划、制定、执行相关政策的经验，也知道政策运行的困难和障碍，更能理解政策推进的路径与最佳时间点，这便于他们选择研究课题及推进时间点。智库决策影响力的关键，在于能够把高质量的政策研究报告送到最合适的决策者手里，而政府官员与决策者的沟通渠道更为畅通，对研究成果进入决策更有利。

3. 推动智库人员到政府任职。体制内的智库人员，政府可以采取直接调任的方式，安排到有关部门任职。体制外的，可以通过借调到政府部门工作的方式，以此发挥智库人才在政府公共决策中的作用。

（七）加强市政府政策研究机构建设

市政府研究室作为市政府负责调查研究和决策咨询的专门机构，应根据中共中央办公厅、国务院办公厅印发的《关于加强中国特色新型智库建设的意见》要求，结合淄博经济社会发展实际，围绕政府中心任务和重点工作，做好智库有关工作。

1. 代表市政府定期发布决策需求信息。根据淄博经济社会发展战略，市政府重大行政决策的需求，对政府决策需求信息进行收集、归纳、整理。在此基础上，通过适当的形式定期发布。

2. 采取各种形式引导智库参与政府决策研究。通过项目招标、政府采购、直接委托、课题合作等方式，引导全市智库开展政策研究、决策评估、政策解读等工作。

3. 要加强与智库的沟通联系。主动与市内各类智库加强联系，了解和掌握它们对政府决策的意见建议，以及在发展中遇到的困难和问题。同时，及时将政府在决策中需要研究的问题通报给智库，让它们了解政府的决策需求。在智库之间当好桥梁，为它们之间相互联系和交流提供服务。

4. 注意智库研究成果的运用。通过组织各种形式的会议，让各个智库的专家在一起探讨、交流研究成果，互相学习，互相碰撞，互相启发。对智库的形成的研究成果，通过各种形式和渠道反映给市政府，为政府科学决策提供参考。

美国城市环境管理经验及启示

枣庄市人民政府研究室　孔令东

2016年9月，根据省政府研究室的统一安排，赴美国参加了重点公共政策决策咨询研究方法培训。在培训期间，通过听取专家授课、实地参观考察、座谈讨论等形式，近距离接触了美国的经济建设、社会生活和政治体制，系统学习了公共政策决策咨询研究方法，开阔了视野，增长了见识。而在众多收获中，对美国在城市环境管理方面的做法和经验进行了重点关注和思考，以资借鉴。

一、美国城市环境管理的主要经验

在美国，无论你走到哪个城市，给你的第一印象便是城市绿化、美化、净化，除建筑物和道路外，所有的空地几乎都被绿草覆盖，公路、河道两旁长满松、杉及各种乔木花草，街道路旁也是绿草鲜花簇拥，绿意盎然。美国在城市环境管理方面的做法和经验如下：

（一）完备的环境管理法律体系

环境法律体系是美国城市环境管理的基础，正是因为有了完备的法律体系，全民高度的环保生态观念，并辅之以严格的执法，美国的城市环境管理才取得了如此显著的效果。1899 年颁布的《河流与港口法》标志美国环境立法的开始，1969 年颁布的《国家环境政策法》则成为其环境立法的转折点，由此开始，美国的环境政策由治理为主转为以预防为主，由单纯防治污染转为全面的生态环境保护。20 世纪 70 年代，又连续颁布了《联邦环境杀虫剂控制法》《环境质量改善法》《美国环境教育法》《资源保护与回收法》《噪声控制法》《有毒物质控制法》《安全饮用水法》。80 年代，美国政府加强了在能源、资源、酸和废弃物处置方面的立法，陆续颁布了《生物量及酒精燃料法》《机动车燃料效益法》《酸雨法》《核废弃物政策法》《固体废弃物处置法》《清洁空气法》《联邦农药法》《清洁水法》《综合环境反应赔偿和责任法》《海洋倾倒法》。目前，美国联邦政府已构建由几十个环境法律和上千个环境保护条例组成的完善的、庞大的环境法律体系。美国是联邦制国家，除联邦法律外，各州还有各自的环境法，有的甚至比联邦法律还要细致严格。美国的环境法律体系针对触犯法律的行为制定了严格的惩戒措施，经过多年的实践，已成为政府、企业、公众的基本行为准则和城市环境管理的坚实基础。除完备的法律体系外，严格、公正的执法则为美国城市环境管理提供了另外一重保障。在美国，影响环境执法的力量主要有环保组织、环境执法机构、游说团体等，由于社会参与程度高，经过长期博弈，各方力量形成了较均衡的架构，都能在环境执法过程中发挥检查、监督、协助、纠错的作用，保证了环境执法的公正与严格。完备的法律体系、严格的执法以及各方力量的制约和监督，使美国城市环境管理以一种积极向上的态势，朝经济、社会、环境相协调的方向稳步发展。

（二）深入人心的城市环境管理意识

只有真正认识环境污染对生产和生活造成的严重危害，政府和人民才会意识环境保护对经济社会发展的重大意义，环境管理意识才能真正融入城市管理运行中。由于美国在经济发展飞速上升期有过因资源过度开发、忽视环保导致环境严重污染的惨痛教训，因此美国政府和人民对城市环境管理的重视程度及认知水平远超其他国家。20 世纪 70 年代，美国为加强环境教育，颁布了《环境教育法》；90 年代，又制定了《国家环境教育法》。目前，美国的环境教育包括以地方环境教育中心为主的非正式环境教育和以学校为主的正式环境教育两种，它们互相配合、互相补充，形成了具有美国特色的环境教育体系，也正是得益于此，才使得城市环境管理意识深入人心。初到美国，看到美国人的住宅周围有大片的草坪和茂盛的树木，但几乎见不到果树，觉得很奇怪，后来听导教介绍才知道，果树生长需要使用大量农药，为了减少农药使用，避免污染环境，美国人便干脆不在家庭草坪上种植果树了，其环保意识由此可见一斑。基于政府和民众对城市环境管理超高的认知水平和超强的意识，美国城市环境管理的概念日渐宽泛，且不断在经济社会领域广泛延伸。如今美国的城市环境管理已不仅是简单的防治环境污染和改善环境质量，还承担提升人们工作生活的舒适性、便利性，以及促进经济社会可持续发展的重任。

（三）完善的城市环境管理组织架构

城市政府是环境管理的主导者，法律赋予城市政府及其职能部门环境保护、治理、执法、处罚等方面的权力，相应地各职能部门对环保问题也都具有深刻统一的认识，自觉承担各自应尽的义务。美国城市拥有稳定、科学的城市环境管理体系。城市环保局是环境管理的关键部门，其他部门按照职能对涉及的环境管理事务负责，同时城市政府设置专门环境行政管理机构对上述部门进行统一管理，这样就形成了部门分工负责、环保部门统一监管的工作格局。政府在城市环境管理中的主要任务包括加大环境保护法律完善力度，制定环境管理地方法规；提供专项资金，协助实施防控污染项目；广泛开展环境保护教育，特别是针对中小学生的教育；发挥市场引导作用，对防止污染的行为进行鼓励和奖励，如建立排污收费制度、垃圾分类处理制度、维护环境基础设施的正常运转等；主动与污染单位建立伙伴关系，开展技术攻关，研究减少和预防污染的有效方法，如通过实验替代化学品、改变生产工序、升级生产设备等方法来减少污染物的产生和排放。

（四）畅通的城市环境管理公众参与渠道

美国法律对公众参与城市环境管理作了详细的规定，并提供了完备的制度保障。1969 年美国颁布了《国家环境政策法》，首次提出建立环境影响评价制度，规定联邦政府所有机构的立法建议以及其他重大联邦行动建议，在决策之前不仅要进行环境影响评价，编制评价报告，而且要把征求公众意见、开展公众评议作为编制报告的必经程序和环节。环境质量委员会根据此项法律制定了《国家环境政策法实施条例》，对环境影响评价的公众参与程序进行了详细的规定，形成了以“一法一条例”为核心的城市环境管理公众参与制度。另外，美国公众参与城市环境管理的内容十分多样，既包括对环境影响评估的参与、对具体开发方式评审的参与，又包括对具体环境事务的参与及对政策评估甚至立法活动的参与。除此之外，企业、民间团体、个人均可参与美国城市环境管理，参与范围也十分广泛。

（五）科学的城市生态保护理念

美国很多城市将对自然原始状态的保护、近自然林的营造和管理作为城市绿化的方向，把在城市中营造绿色空间作为环境管理的重要内容。近自然林的建设理念，是在反思重美化、轻生态的绿化现象基础上提出的，它试图通过使用种类繁多的绿化植物，构建复杂的绿地系统，模拟自然生态系统运行，以实现绿化的高效、经济、健康和稳定，同时倡导营造健康、自然和舒适的“城市绿色空间”。“城市绿色空间”崇尚景观自然性，注重区域生态，善于利用自然环境形成城市景观特色，并将其渗透城市的各个角落，如考虑耗水量惊人，近十几年来美国城市纷纷告别人工草坪，转而让自然回归城市。我们这次学习参访的华盛顿特区、巴尔的摩、费城等城市，虽然城郊之间路网密集，交通发达，但在道路两侧，随处可见原生杂交林，就连公路两侧绿化，甚至城市中心区域，也是采用原生林和天然草坪。原生林是自然界优胜劣汰的自然选择，采用本地树种，既有旺盛的生命力，又不用人工养护、打药，既保护环境，又节约费用。美国的城市绿化是全民参与，除像“城市绿色空间”这样的公共绿化外，每家房前房后基本上都各有一块篮球场大小的草地，这两块区域属于房主的私人领地，里面的所有植物都要由房主负责打理，包括草坪、花卉、灌木和高大的乔木，费用由各个家庭来承担，正是由于政府和每个家庭的共同努力，才打造了一个绿色的世界。另外，我们在美国也观察一些环境管理方面的小窍门，如在树木根部撒上一层块状木屑，既能解决干枯树枝的处理难题，又避免了天气干旱时扬尘的产生，下雨时还可以吸收、储存水分，木屑腐烂后可化作肥料，促进树木生长。不使用路沿石，减少地面硬化，既增加了绿化面积，又使雨水能充分渗入地下，增强地面涵水能力。

（六）成熟的垃圾循环再利用模式

美国在处理城市固体废弃物和污水方面，建立了一套成熟的物质循环再利用模式。城市生活垃圾的收集、回收、处理、加工及销售已形成了系统的产业链。如此次培训所在地巴尔的摩市很早就建立了家庭垃圾分类收集制度，实现了垃圾分类回收处理。居民日常产生的花园及厨余垃圾被回收加工成优质的有机肥料进行销售；玻璃瓶、金属罐、包装纸等可回收利用的垃圾，被分类后送往加工企业循环利用。而最值得我们借鉴的是对电池、废弃机油、淘汰电子产品等不易自然降解、高污染性垃圾的处理，在每月规定的日子，各家庭将这类垃圾放在指定的地点，由专业公司进行集中收集和运输，最后集中到专门的处理场进行彻底的无害化处理。在污水处理方面，美国实行严格的处理标准，污水处理厂必须获得许可证，并每月编制排污报告，且向公众公开，公众只需比较许可证上的排污上限和公司提供的排污报告就可以发现该公司是否违法。以我们参观考察的巴尔的摩污水处理厂为例，污水进入工厂，要经过三个阶段的处理：一级处理是机械处理，污水处理厂使用格栅、筛网和沉淀池去除污水中的固体漂浮物；二级处理是生物处理，处理厂借助耗氧微生物分解污水中的有机物；三级处理是深度处理，处理厂使用砂滤器和半透膜除去剩余的污染物，或者使用紫外线杀菌。污水处理场的最后产物为污泥，污泥再进一步被气化产生合成气，合成气被氧化产生热能，使用该热能可替代天然气驱动新的干燥器。与使用天然气相比，该方式能够节约大量的成本，还减少了废弃物的产生，保护了环境。最后，剩余的污泥在去除铅、铜等重金属的基础上，加工成有机肥拿到市场销售。据巴尔的摩污水处理厂经理介绍，他们以污泥为原料生产的有机肥很受市场欢迎，甚至被选为白宫草坪养护专用肥。在污水处理的每一阶段都有严格的标准，企业如果一旦被发现处理不达标或在排污报告中对排污量造假，将面临严重的惩罚。美国在污水、城市垃圾处理过程中，通过市场化、生态化的物质循环再利用模式，既减少了大量的政府投入，又创造了可观的经济效益和生态效益，实现了城市环境保护的可持续循环发展。

二、主要启示和体会

我国与美国的社会制度不同，国情差异也很大，但城市环境管理的目标是相同的，方法和道理是相通的。其理念和思路特别值得我们学习和借鉴。

（一）完善法律体系，加大执法力度

美国的实践表明，完善的环境法律体系是搞好城市环境管理的

基础，严格的执法则是实现高效管理的有效手段。今后，我们应加强在城市环境管理方面的立法，特别是一些地方性法规，以及像垃圾分类、污水处理等专项法律法规的建设，以完善的法律制度强化各主体的环境保护意识和行为。要进一步加强和完善环境标准的制定，环境标准作为环境政策的具体体现，既是执行环境法律法规的基本保证，也是环境监督管理的核心。城市所在的政府应该充分发挥在城市环境管理中的主导作用，加强环保、市政、建设、土地、交通、水务等部门的协调合作，加大对违法违规行为的执法力度。

（二）加强环保教育，凝聚环保共识

只有城市环境管理的各参与主体真正认识环境保护与整治的重要性，才能增强环境管理的主观能动性。我们应通过网络、电视、广播等多种渠道加强环境保护宣传，普及环保知识，提高全民环保意识。同时加强环保教育，要从幼儿园便开设环保课，逐步将环保教育纳入基础教育和高等教育，从而最大程度地强化环保意识，凝聚环保共识。

（三）畅通参与渠道，提高参与能力

美国在公众参与城市环境管理方面具有完备的法律规定和制度保障，并且经过几十年的实践，形成了成熟的运行模式。相较而言，我国在此方面则较落后，一方面我国的《环境保护公众参与办法》出台于 2015 年，起步较晚；另一方面我国公众的环保知识有所欠缺，参与能力有待提高。下一步我们要认真借鉴国外成熟经验，健全完善环境保护公众参与制度，探索符合各地实情的公众参与模式和方法，畅通参与渠道；加强对社会公众的环保综合能力培训，提高有效参与能力。

（四）加强市场引导，实施垃圾分类处理

目前我国城市处理垃圾的方式主要是填埋和焚烧，美国城市常

采用的分类处理与回收再利用等处理方式应用并不广泛。究其原因，一是我国未推行强制性的垃圾分类处理政策；二是未制定明确的垃圾分类标准；三是缺乏垃圾分类处理激励政策。今后，不妨借鉴一下国外垃圾分类处理的成熟经验，一方面完善固体废弃物处理相关立法；另一方面出台相关的激励政策，用市场化的方式引导企业从事垃圾处理工作，逐步形成系统的垃圾分类处理产业链。

（五）遵循自然规律，注重科学管理

美国的城市环境管理十分注重保持生态系统的原生性和系统性，具体表现在坚持原生植被优先的原则，人工绿化多采用本地物种，强调对生态系统的整体保护等。城市绿化并不是挖坑种树那么简单，而是一项需要生物学、土壤学、树木学、力学、生态学、城市规划等多个学科知识体系支撑的工作。遵循自然规律，注重科学管理，提高生态观念，也是解决当前绿化造林中“年年造林不见林”的尴尬局面的有效方法和途径。具体在城市森林建设实践中，一是要注重乡土树种的使用，注重保护原生自然森林植被，强调体现本地特色的森林景观；二是要提倡近自然的森林和绿地养护观念，减少人为的干扰，建设能够自然维持的森林。

“他山之石，可以攻玉。”学习借鉴国外先进的经验是十分必要的。但必须看到，任何成功的经验，都有它政治、经济、文化和社会的基础，有它自身的国情和环境。美国和中国，一个是最大的发达国家，一个是最大的发展中国家，国情和发展环境有很大的不同，看不到这一点，“囫囵吞枣”、生搬硬套是不行的。我们倡导生态环保理念，走可持续发展道路，必须始终坚持从国情出发，立足自身的发展实际。把握不好这一条，就只能是“邯郸学步”，不仅成功的经验学不好，还可能丢掉自己的特色，影响自身的发展。

赴美国学习考察报告

济宁市人民政府研究室　马树华

2016 年 9 月 5 日至 24 日，我随山东省政府研究室“公共政策决策咨询研究团”，到美国巴尔的摩和纽约市进行了培训学习和访问交流。培训访问日程紧张、内容丰富，安排周到、和谐共融，大家普遍感到丰富了头脑，开阔了眼界，收获了知识，结下了友谊，回想这次 20 多天的美国之行，有太多的感悟和思考。这里，就感受比较深、启发比较大的几点作简要汇报。

一、关于对美国智库认识

授课的老师是乔治华盛顿大学的教授，杨宸博士，一名美籍华人，供职美国司法部，给我们讲授的是美国智库与政府决策，讲了智库的起源、作用与角色、第四种权力等，讲解清晰、耐心细致，对我们启发很大。

美国是国际上公共政策研究与咨询业最发达的国家，在全球 6000 余家智库中拥有近 2000 余家，在智库十强国家中，比其他九国的总和还要多。其中，美国首都华盛顿也成为全球拥有智库最多的城市，约占全美智库总数的 1/3。近几十年来，智库在美国内政外交政策的制定中发挥重要的作用，它以全面的分析和研判、与政界广泛深入的联系，以及在社会公众中的影响力，左右美国政治、经济、社会、军事、外交、科技等方面的重大决策，以致有美国学者将智库视为继立法、行政和司法之后的“第四部门”。在美国，智库既可以由一两个人组成，也可以拥有几百位员工和研究人员。智库中，有的预算仅有数万美元，有的预算高达几百万美元，甚至如兰德公司那样，拥有超过两亿美元的年度预算。

美国政策分析研究机构，也就是智库可分为四类：第一类是官方设立的政策研究机构，如白宫的总统经济顾问委员会、联邦各部门设立的政策分析机构、较大的州市政府设立的政策分析机构。第二类是政府合同型政策研究机构，如兰德公司、哈德逊研究所、城市研究所以及很多大学设立的政策研究中心。它们由政府提供研究经费和委托合同，为政府提供政策咨询研究报告。第三类为独立型政策研究机构。它们没有政府资助，也不接受可能影响其研究独立性的利益团体的捐助，主要由独立的公益性团体或个人设立和资助，就公共政策发表独立的研究报告，如布鲁金斯学会、卡内基研究会等。第四类是游说推销型政策研究机构。它们由特定的利益团体设立，或接受特定利益团体的资助委托，发表的政策分析报告更多地代表了特定利益团体的观点。它们非常热衷向政府、媒体和社会公众游说推销自己的观点和主张，以达影响政策决策的目的。这四类政策研究机构构成了美国公共政策专家咨询的基础。

通过杨教授的讲解，我们了解美国智库的特点：一是大多数智库是根据《所得税法》注册的非营利性免税组织。美国公共政策智库运作方式类似私人企业，但其最终效果不是以利润来衡量，而是看它们对政策思想的影响。作为独立的政策分析中心，它们是否能够生存并取得成功，在很大程度上取决其董事和员工推销和推广思想的能力。二是强调自身特色，专业性较强，重视研究成果的实用性，不进行纯理论研究。总体来看，美国智库对公共政策研究范围很广包括经济政策、教育政策、外交政策、卫生政策、法律政策、国际贸易、能源政策、农业政策、环境政策等。但是各个智库都强调自身特色，注重按自身所具备的专业选择研究领域或服务对象，重视研究成果的实用性，不进行纯理论研究。三是强调研究的独立性。重视研究的独立性和结论的客观性是美国智库普遍强调的首要特征。相对决策者而言，智库往往强调中立的态度，避免由于利益而造成“偏见”或“成见”。强调独立性使很多智库更加关注研究的公益性，从而使其社会影响力得到提升。

美国智库在公共政策决策和公共事务中发挥重要作用。它是决策者政策理念的主要来源。智库传播思想理念，向决策者推广研究成果，使其理念能够落实在具体的政策制订中。智库也是意见交换和政策理解的促进场所，多数政治家经过和专家的互动，可以参与分享这些专家在政策问题上的观点，进而有利于自己做出决定。它是政策制定过程中专业知识的提供者。智库可为决策者提供多方案的政策选择，并对不同的选择作出专业的评估、比较和分析，从而弥补政策制定者和决策者专业知识深度和广度上的不足。它是公共政策的评论者。通过对政策制定过程、决策、执行过程和效果的分析、评论，帮助社会公众对政策作出公正评价，帮助政府检讨得失和提高决策能力。它是高级官员和专家的人才库和蓄水池。通过实习和合作伙伴关系等方式，智库为政府培养政策制定者，是政府甄选高级官员的人才库。同时，也是从上任政府中退出人才的栖息地，为这些人才日后复出提供中转站。它还是美国新闻媒体公共政策信息的权威来源。媒体可从政策研究机构获得更全面的公共政策信息和评论，帮助公众深入了解公共政策议题。美国智库的一些有益做法值得我们政策研究系统的同仁学习和借鉴，以便更好地为各级领导科学决策提供支撑。

二、美国治理大气污染的做法及借鉴

主讲这一课的是美国凤凰城大学教授，知名经济学家和公共政策专家，专门给我们讲了环境保护问题。由于国内许多地方雾霾严重，对此，大家也都比较感兴趣，希望从讲课中寻得解决雾霾问题的答案。其实在整个学习过程中，几乎每一堂课都会涉及环保问题，大家讨论都十分热烈，大家认真听、认真记。后来又实地查看了巴尔的摩的污水处理厂、垃圾分类和垃圾填埋场，才逐步找到答案。其中，洛杉机市治理雾霾的案例非常值得我们学习和借鉴。

洛杉矶是美国的工业城市，从 20 世纪初就饱受大气污染的困扰。1943 年 7 月 26 日，更严重的状况发生了。当日，烟雾笼罩城区，大块厚厚的烟幕降落到洛杉矶市中心，明明是白昼，却昏天黑地，能见度只到 3 个街区以内。当时正值酷暑，在热浪之下，“毒气”变本加厉，袭击人们的眼睛和喉咙，使人产生难以忍受的刺痛之感。由于当时正在同日本作战，人们甚至怀疑遭受了敌方的“毒气攻击”。这就是有名的 1943 年“洛杉矶雾霾”事件。

1946 年，《洛杉矶时报》聘请空气污染专家 Raymond R. Tucker 分析洛杉矶雾霾问题并提出解决方案。经过分析，Tucker 提出减少空气污染 23 个推荐方案包括禁止在后院焚烧废橡胶等。1952 年，加州理工学院化学家 Arie J. Haagen - Smit 首次提出，雾霾形成与汽车尾气以及光化学反应下的气粒转化有直接关系，并指出臭氧是洛杉矶雾霾的主要成分。

科学家的研究让洛杉矶市民意识到，自己选择的生活方式造成了目前的污染，心爱的汽车就是污染源——这需要很大的勇气来面对。随着“把汽车整干净”和“把燃料整干净”的理念渐成共识，从市到州，一系列级别越来越高的法规被制定出来。

此后，美国通过制定法律、建立监管机构、提高技术水平、采用经济激励、调动公众参与等措施逐步地改善了大气环境。一是完善法律框架，权责明晰。美国为防治大气污染制定了非常完善的法律框架。美国大气污染防治的法律法规包括联邦、州、地区、地方政府四个层次，每一层次的法律法规都明确规定了各级政府在治理空气上的权限和职责，各有侧重，层层衔接，形成了一套完整、全面、适用空气治理的法律体系。美国针对大气污染颁布了多项立法和修正案，是防治大气污染的基本依据。1955 年制定了第一部联邦大气污染控制法规《空气污染控制法》，之后又出台了《1960 年空气污染控制法》《1963 年清洁空气法》《1965 年机动车空气污染控制法》《1967 年空气质量法》，1970 年出台了具有重大意义的《清洁空气法》，1977 年、1990 年又对其进行了两次修正。《清洁空气法》是一项全国性的立法，具有广泛的约束力，由联邦政府制定空气质量标准，制定车辆的认证、检测、减排配件应用、燃料生产标准等多项制度。该法案是环境保护署开展行政管理的依据，赋予了环境保护署对污染大气的行为提起民事和刑事诉讼的权利。二是建立机构机制，进行联防联控。美国成立专门监管机构进行大气污染防治。1970 年出台《清洁环境法》的同时，联邦政府层面成立了环境保护署（EPA）。环境保护署通过制定全国的环保法规，提供资金和技术支持等，致力环境问题的改善。每个州和地区按照环境保护署法律政策的规定，都有清洁空气的标准，定期提交空气质量“达标”的详细实施计划。如果有州政府没有完成计划，环境保护署将采取强制性措施，确保空气质量达标。美国搭建联防联控管理机制，对大气污染进行全盘整合式管理。首先，联邦政府部门之间相互协调配合，进行空气治理。如能源部、环境保护署等不同的机构和部门会推出各具特色的空气污染治理项目，相互配合进行空气治理。其次，构筑大气跨界污染治理体系。环境保护署将美国各州划分成 10 个大区，每个大区设立区域环境办公室，对所辖大区的综合性环保工作进行监督，执行联邦的环境法律、实施环境保护署的空气治理项目，协调州与联邦政府的关系，以促进跨州的区域性环境问题的解决。最后，建立跨区域空气质量管理机构，共同应对空气污染。三是采用经济手段，建立排污权交易体系。美国在大气污染防治过程中，最有特色的是利用市场经济手段控制污染排放，建立了排污权交易体系。美国是一个市场经济高度发达的国家，自 20 世纪 70 年代以来，环境保护署借鉴了水污染治理的排污许可证制度，对大气污染企业进行管理，因不同所有者之间排污权的交易必须是有偿的，排污权交易市场应运而生，逐步建立以补偿、银行、容量节余为核心内容的排污权交易体系。最初，一个工厂内部的多个排污口之间可以相互调配，只要工厂的排污总量未超过规定的标准就不算违规，后来范围扩大到同一公司不同工厂之间，甚至同一地区的不同工厂。开始排污交易只在部分地区进行，涉及二氧化硫、氮氧化物、颗粒物、一氧化碳和消耗臭氧层物质等多种大气污染物，交易形式也是多样的，为后来全面实施排污权交易奠定了基础。1990 年《清洁大气法修正案》通过后，联邦政府开始实施酸雨控制计划，排污交易主要集中于二氧化硫，在全国范围的电力行业实施，并制定了可靠的法律依据和详细的实施方案，成为迄今为止最广泛的排污权交易实践。排污权交易制度充分发挥了市场的功能，既可以刺激技术落后的企业努力改进技术，减少排污量，又可以给治理成本比较高的企业留出交易空间，通过排污权交易体系获得排污配额，满足排污需求。四是提高技术水平，转变生产方式。加强科学研究，提高认识和治理大气污染的水平。科学研究不仅是科学制定大气污染防治法律和政策的需要，也是顺利、有效实施相应法律和政策的需要。环境保护署的主要任务之一就是研究造成空气污染的原因及应对方案，科学家的研究让公众日益了解到大气污染的危害和真正成因。人们逐步达成共识，工业文明下的生产和生活方式造成了大气污染，从而开始对汽车尾气排放和燃料生产进行限制。此外，针对各种污染大气的污染源都具有较成熟的处理技术，如燃煤电厂的脱硫、脱硝、除尘等，先进的机动车排放控制技术结合清洁的燃油，能去除机动车尾气中的绝大部分污染物。提高技术水平，提高人气污染监测标准。随着技术水平的提高，对大气环境的监测标准也相应提高。针对 pm2. 5 等空气污染物的标准制定是美国治理空气污染的科学保障，自 1997 年开始，美国开始将颗粒物细分为细颗粒和粗颗粒分别监测。因为 pm2. 5 属于可吸入肺的颗粒物，对人体健康影响很大，美国于 2006 年还更新了 pm2. 5 含量的新标准，由先前的每立方米 65 微克下降为每立方米 35 微克。五是信息公开，公众积极参与。政府信息公开，公众可以随时获得关于空气质量的信息。环境保护署在网站上适时公布空气质量指数，环境信息的公开给了民间组织推动监测标准提高的机会。环保局和其他机构合作设立了

“空气质量指数”，向公众提供有关地方空气质量以及空气污染水平是否达到威胁公众健康的及时、易懂信息。公众环保意识增强，对大气质量有更高的要求。公众积极参与民间诉讼，环保型公益组织发挥重要作用。70 年代以来，美国公众参与空气质量诉讼案件有几百例，环保型公益组织发挥了日益重要的作用，每一次空气质量监测标准的提升，背后都有民间组织和公众起诉政府的司法推动。

美国治理雾霾办法措施，持之以恒、坚持不懈地落实，才使美国今天有如此美好的环境。这也是我国现阶段需要学习和借鉴的，相信我们一定会让天变得更蓝，水变得更清，空气越来越清新。

三、对美国总统大选制度的认识

在美国期间，正赶上美国总统大选，一位是共和党总统候选人、纽约地产大亨唐纳德·特朗普，一位是前总统克林顿夫人，民主党总统候选人希拉里·克林顿。这一话题，也一直伴随我们授课的全过程，伴随考察的全过程，尽管与我们的关系不大，但是大家参与讨论的积极性还是很高的。教授们也往往把这作为讲课活跃气氛的谈资，谈特朗普的移民政策、经济政策、外交政策和对中国的政策等。总的来看，美国人是不大喜欢希拉里的，对特朗普，美国人喜欢他的真实，但对他没有从政经验和政治头脑，还是有些担心的。但是美国人心中还是理性的，“总统的权力是最大的，也是最小的”，不管谁当总统，处处会受到法律法规的制约，受到民众的监督。谁当总统暂且不论，但我们却收获几点启示：一是做人要真诚，不说谎话；二是政府的一切行政行为都要纳入法制轨道，接受民众监督，打造阳光政府。

四、美国人眼中的儒家文化和东方文明

乔治梅森是里根政府的高级主管，报社主编，加州共和党的主管，也是一名汉学家，一位70多岁的老人，一生学习和研究公共政策，对东方文明特别是儒家思想有独特的见解。听说我们来自山东，孔子的故乡，格外高兴。他给我们讲了美国文化和中国文化的差异，政党与政府的关系，经济结构对政治结构的影响等。从教授讲课中了解美国民众对儒家文化的兴趣越来越浓。据说，美国国会还通过一个纪念孔夫子的议案，着实耐人寻味。美国众议院决议案784号中写到：鉴于公元前551年9月28日被认为孔夫子的诞生日，出生于现在中国山东省曲阜；孔夫子是历史上最伟大的思想家、教育家和社会哲学家之一。他创立的哲学思想对世界很多国家的社会和政治思想产生了深刻影响并且继续发挥影响力。孔夫子倡导自省、自修、真诚和社会关系中的相互尊重，以在个人和公共生活中实现公正和道义，体现最高境界的道德品质。孔夫子所教导的“己所不欲，勿施于人”和“己欲立而立人，己欲达而达人”是道德品行的典范，也能促进我们之间的和谐。孔夫子教导我们说理想的政府应建立在忠诚、尊老和承认家庭重要性基础上；孔夫子教导我们说政界人士必须成为诚实和道德的模范。这些都提醒我们，要以至高荣誉和尊重履行好自己的职责。因此，众议院向诞生2560周年的孔夫子致敬并认可他哲学、社会和政治思想方面做出的无价贡献。

这个议案的真假，我没有考证。但从决议案的内容来看，美国人尊孔是对孔子哲学、社会和政治思想的肯定，是对孔子思想现实意义的肯定。美国在不到250年的时间里，创造了举世瞩目的经济奇迹，成为世界独一无二的超级大国，形成了独具特色的现代文明，其文化自信心自然是根深蒂固的。但是，以世界领导自居的美国在

处理国际关系和国内经济社会发展过程中依然常常遇到难以逾越的困难，恐怖主义、经济危机、核扩散等难题对以西方文明为母体的美国文化提出了挑战。美国是一个讲究实用的国度，中国的崛起和大量华人对美国社会的卓越成就使他们体会中华文明的神奇，试图从孔子思想里面寻找救世的智慧便成了一种聪明的选择。

对此，我想到，中央为什么提出要大力弘扬中华民族优秀传统文化？为什么要树立社会主义核心价值观？世界上为什么会兴起“孔子热”，因为孔子思想中优秀文化已经深深地植入我们每个人的心中，儒家文化已成为中华文化的主干，正在影响和改变世界。

由于教授对中华文化的热爱，对孔子的崇拜，讲课结束时，我随身带去的孔子思想精髓小册子，也由孔子的后代，枣庄市政府研究室孔令东主任，转赠给该教授。孔主任的寄语是：和而不同，世界大同。但愿世界能如此。

最后，再谈一下李师傅。李师傅是我们在美国行程中的司机，一名化工研究所退休的研究人员。1980 年改革开放不久出去的精英人才，现已到了花甲之年，多年没有回国了，见到家乡人，话题就更多了，因交流方便，我们也乐意与他交流，从他那里学习和了解了许多关于美国的风土人情和制度架构等等。他也给我们谈了对中国改革开放以来的感受，谈中国经济总量已跃居世界第二，谈中国高铁速度，谈城市建设的日新月异，谈中国的反腐，谈中国人民生活的变化和富有，等等，讲起来是对中国飞速发展的赞叹！对作为一名中国人感到自豪和骄傲！他说“刚到美国时，认为中国 100 年也赶不上美国，可是现在已经成为居美国之后的世界第二大国了，这说明中国的发展路子走对了，中国特色的社会主义制度设计对了，不久一定会到国内看看、走走”。李师傅话回响耳畔，让我十分激动，我们应该为 30 多年来改革开放取得的伟大成就自豪！我们坚信，只要坚持中国特色社会主义道路自信、理论自信、制度自信、文化自信，就一定会实现中华民族伟大复兴的“中国梦”。

美国城市规划建设管理的经验与启示

泰安市人民政府调研室　杨建全

2016 年 9 月 5 日至 9 月 25 日，按照省政府研究室的统一安排，赴美国参加了“重点公共政策决策咨询研究培训”。这次培训学习内容丰富、组织周密、管理科学，先后到弗吉尼亚、马里兰、新泽西、纽约等州市学习考察，深受启发，收获颇多。通过实地考察美国城市建设成果，亲身感受城市风貌和风土人情，感觉美国在城市规划建设管理方面的理念、机制、方法等方面值得我们学习和借鉴。

一、美国城市发展历程

美国的城市发展大体经过了两个阶段：一是传统城市化时期，即 20 世纪 20 年代前。这个时期农村人口向城市集中，到 1920 年城市人口占总人口比重达 51.2%；二是新型城市化时期，即 20 世纪 20 年代后。美国从一个城市化国家演变成为一个大都市区化国家，2005 年城镇化率达 81%。在第一个阶段，美国城市化是一个由传统乡村社会发展成为现代城市社会的历史过程。19 世纪上半期，随着美国工业革命开始，在运河、铁路等交通运输方面发生了几次重大革新，城市得到了长足发展，特别是中西部一些分散孤立的城镇迅速连接发展成为一个个联系紧密、功能完整的城市体系，有些城市迅速跃升为较大规模的地区经济中心。到19世纪末，美国初步形成了以城市为中心的经济体系。直到20世纪20年代，美国1亿人口中的一半居住在城市，美国成为一个城市化国家，城市发展步入新的阶段。1920年以后，城市人口比例上升的速度减缓，到20世纪70年代，城市人口比例达70%，随后基本就保持稳定。但是，这期间由于人口集聚让城市空间结构发生了明显的变化，城市周边的郊区也被纳入城市范围，形成了以多中心为显著特征的大都市区。1990年，美国一半人口居住在百万人以上的大型都市区里。此时，美国的人口分布不再以“城”“乡”这两个传统的地域概念来划分，而被分别称为大都市区和非大都市区，从1920年的2700个城市、58个大城市区发展为1990年的11000个大城市、268个大都市区。

美国的城市规划管理也可以分为自由发展和规划引导两个阶段。起初，美国联邦政府对城市管理一直奉行自由放任政策，不干预地方城市事务，没有制定过全国统一的政策和原则。但随着城市的迅速扩张，出现了交通、住房、卫生等一系列问题，亟须建立健全相应的市政机构和管理体制，并提供一定的城市公共服务。为此，联邦政府开始陆续出台城市管理的对策，并于1901年成立了“全国标准监督局”，监督各城市建筑法规的实施。这标志政府开始干预包括住房、教育等城市管理事务，并通过城市规划来进一步管理和治理城市问题。从20世纪初到现在，美国城市规划算起来也仅仅100年多的历史。但是，目前美国的城市规划已经建立了一套比较完整的法制化体系，而且已经相对成熟和稳定。其中有一点要引起注意，美国是先有城市后有规划，城市规划是为了解决城市发展问题，是治理城市而不是创造城市，所以美国城市规划优先考虑居民需求，规划内容主要围绕公共服务和美化环境。

值得关注的是美国国土面积963万平方公里，平原面积占1/2，但总人口仅3.2亿人，而且80%集中在城市。我国国土面积960万平方公里，平原仅占不到1/8，总人口却多达13亿人。相比之下，美国是可利用土地资源非常丰富的国家。因此，美国各城市空间尺度都很大，社区居住条件和房屋的用地空间也都很宽松，城市基础设施的布局和配置也都很有气势。即便如此，美国的城市用地占其国土面积的比重不到2%。这说明，一个城市的规模同自身的资源禀赋密不可分。

二、对美国城市发展的主要感受和收获

美国的城市化进程是一个不断吸取教训、积累经验的过程。美国作为当今世界城市化率最高的国家，在城市规划、建设和管理方面，积累和创造了很多经验，这次培训学习总体感到美国城市规划科学规范，城市风格古朴自然，城市环境清新靓丽，人与城市融洽和谐。

（一）城市规划注重科学

美国的规划理念是“人为先、空间为次、建筑为末，城市规律不可违”，认为城市规划要充分考虑到产业的规划、社会价值、社会道德、人的素质的培养以及对生态环境的保护，规划必须由居民贯

彻始终来确保公平，没有强力实施措施的规划是无用的规划。一是规划体制科学高效。美国联邦政府不制定也不审批全国性质的城乡规划法规，州地政府有相对独立的规划权，联邦政府主要通过制定城市规划授权法案标准等有关法令、专门委员会解决跨州、跨地域有关问题的形式，严格加强对规划的管理、控制与协调。二是规划内容全面统筹。在规划体系上，大致分为综合规划、总体规划、土地利用规划及分区规划、土地细分规划四个层次，全面覆盖了规划的领域和空间。在规划内容上，全面涵盖产业培育、环境承载、科技教育、文化艺术等城市功能的各个方面，通过规划落实到经济、环境和社会三个支撑城市发展的底线上来。三是规划生命可持续。美国州市大都设有战略规划和可持续发展办公室，规划的理念是为未来而设计，主要目标是改善城乡环境，而不是简单地把城市作为摆放建筑的艺术。这样就实现了从关注建筑为核心的偏物质性规划，向创造城市价值、改善生活品质转变，从而也避免了短期行为，赋予了城市生命。美国的城市规划每 5 年进行一次小的修改，每 20 年进行一次大的修改，每一项规划批准后，都必须按照相关的法律严格执行。华盛顿历经 200 多年，规划虽然几经修编，但延续传承了规划之初棋盘网状道路和放射性道路的传统城市肌理。

（二）城市建设以人为本

美国的城市规划始终把满足人的需求作为根本，同时也通过导入符合需求的设计改变人的行为，形成人与城市的良性互动，处处体现以人为本的理念。一是民众参与规划。规划师是公众利益的代表，规划的公众参与和听证会是美国所有规划审批的法定程序。政府在拟定规划方案过程中，广泛听取民众规划建议，并让民众交流参与整个规划过程。特别在涉及人的生命健康等事项，民众审查程序更严格，彰显人性化设计。二是满足物质和人文需求。美国的城市不是简单地以建筑设计城市，而是因人设计城市，处处注入人性化元素，满足人基本的物质和人文需求。新城市主义的设计，尽量把步行量减少到最小，力求在最小的范围内解决并满足人们吃、喝、住、行、购物等需求。华盛顿滨河艺术中心建设、波士顿查尔斯河改造，都是通过打造软质河岸，并赋予休闲、娱乐、健身功能，让

人们亲近自然。城市公园的各种雕塑也时时能触及人的灵魂，让人遐想和回忆。三是营造视觉美感。美国的城市综合体是适度建设，小规模的建筑错落有致，看起来舒适、自然、亲近、友好。在华盛顿，商业轴线与居住轴线交汇点都设计为市民公园，同时为交通枢纽，增强了透视的效果，拓宽了人们的视野，从这里可看到不同的地标建筑。

（三）城市空间布局合理

美国的城市开发不仅是建好楼房，更重要的是创造空间。一是整理城市立体空间。在建筑密度、交通密度、道路和建筑的尺度、平面和地下的配比，不同的城市都有明确的比例限制，通过不割断的空间整理手法，把空间拓展延伸到空中、地下、平面的各个方位。

新墨西哥首府圣达菲，整个城市尺度把握得非常好，没有高层建筑，平面与街道和环境十分融洽和谐。二是释放行走空间。美国城市已进入行走城市规划的新阶段，大多城市都注重以公共交通为主导的城市开发，市区内没有过宽的大马路，通过整理道路系统，道路上尽量减少停车位，两侧人行道绝不能停汽车，释放行走空间，创造适宜出行的城市密度，提高步行的可能。三是营造欢聚空间。城市中央公园和小型公园配套，一些具有纪念性的建筑、停车场等目的地性场所都建有公园，实现了绿色空间相连。纽约市 10 分钟以内就能到达一个公园，通过创造公共空间，展现了不同的社区文化，满足了人文多样性的需求。

（四）城市管理精细高效

美国城区的公共服务设施一应俱全，而且档次都非常高，共同的特点是能在地下的不在地上，能一次性并入的绝不挖了填填了挖，建设的形式体现地上，真正的功力反映在地下。在大量公共设施入地的同时，尽量把地上的服务空间留足，为居民提供一切便利的个性化服务。一方面，城市设施很人性化。公园、街头绿地、人行道随处设有餐饮点和座椅；围绕便于市民生活，在主次街道科学设置了分类垃圾箱，有的垃圾箱写各国文字提醒市民；街头上有很多免费的报亭；历史文物保护、自行车站点、人行道和自行车道等标识牌清晰可见；美国的街头广场尽管不大，但非常实用，并建有很多戏水池，水非常浅而且没有栏杆，大人小孩都喜欢在里面嬉戏亲水；各大机场、火车站、汽车站、商场、宾馆、酒店等公共设施充分考虑不同人群的需求，设有专门设计的各类便利设施。大型商场设置休息廊亭，且造景不同，温馨大方。另一方面，城市管理非常严格。在美国城市管理非常精细严谨，对违犯城市管理规定的行为处罚非常严格，有的行为会处以高额罚款甚至是坐牢。例如，不允许宠物随地大小便，公共区域设有宠物粪便捡拾标识牌，配有专门方便袋，并明文规定违规将处罚 150～2000 美金。美国对出租车停车点、停车方向都有明确的规定和限制，出租车排放得都很整齐、很有序，一旦违规停放，就将会被处以严厉的罚款。在美国见得最多的是警察，承担街头治安、交通和城市管理的任务。一个不起眼的小码头上就贴有 14 个“不准”的告示，一旦违规就严厉处罚。正是美国对城市严格管理，才保证了整个社会秩序规范。

（五）城市保护意识浓郁

美国善于保护城市，善于在丰富创新中传承过去、连通未来。一是注重建设保护。美国建筑的绿色 GDP 含量非常高，一般不轻易拆迁，见得更多的是对原有建筑修复、加固。它们虽然没有古老文明，但现代文明发展中的百年以上建筑比比皆是，特别是一些历史街区的保护尤为突出，建筑老而弥新、古而有活力，有厚重的历史感和文化质感，这既保护了历史的语言，也唤醒了历史的记忆。二是注重开发保护。新墨西哥州的蒸汽机车保护区，原是 1860 年左右开采的煤矿区和油田区，1960 年后资源枯竭，原来修建的老式铁路和机车也不再发挥本来的功能。新墨西哥州政府不是简单的废弃了之，随后建立了这个保护性景区，把人们带到“蒸汽时代”，回顾美国经济发展历史。三是注重环境保护。美国早在 1878 年就制定了《城市森林法》，生态环境比较好，整个城乡就是一个大公园，乡村小镇都隐于森林之中，到处林绿、云碧、水清，空气清新，阳光明媚耀眼，星星纯净清晰，留下了很深的印象。美国的工业如此发达，尚有如此好的环境，值得学习。四是注重节能保护。美国的节能保护体系完善、执行严格，人人在推广利用节能产品、节能技术等方面都有强制性的指标要求，全社会基本实现了能源综合利用的大循环，其中一些城市公园都是通过综合利用雨水建成的雨水花园。

（六）城市发展趋于回归

美国城市建设走的是郊区化之路，但是由于过度郊区化，许多城市中心区空洞化，白天繁忙，晚上空城，中心城区经济动力不足，民众出现了严重的"城市病"。由于美国"城市病"带来的生活不便和费用增加，现在美国人的居住趋向发生了很大的变化。自 1990 年以来，美国人选择住房主要考虑高尔夫球场、宽敞的院子、远离工作场所、环境比较好的郊区、便利的交通 5 个因素。但是到了 2012 年美国人选择住房的考虑因素，主要看附近有没有步行街等商业设施、换乘中心和公交站点、多元化的户型、靠近工作场所、区域发展可持续性这 5 个因素。可以说，尽管中国和美国的城市化发展之路不同，但殊途同归，那就是"回归城市"。美国的回归城市突出表现在三个方面：一是人群回归，更加注重中心城市建设；二是人性回归，努力营造更加宜居的人性场所；三是产业回归，一些企业总部、主导产业又开始向中心城市聚集，这也是防止重演底特律城市产业衰退、中心城市没落的教训。美国为了吸引更多的人"回归城市"，正在做大量的城市改造和城市修复工作，如让知识产业和创新创意产业在城市中能够蓬勃发展，使城市有更加完善的服务老龄人口的城市功能、功能多样化的社区、最佳的环境弹性等。

三、工作启示和思考

目前，我国城市发展已经进入新的发展时期。自改革开放以来，我国经历了世界历史上规模最大、速度最快的城镇化进程，城市发展波澜壮阔，取得了举世瞩目的成就。城市发展带动了整个经济社会发展，城市建设成为现代化建设的重要引擎。2015 年，中央城市工作会议提出"一个尊重、五个统筹"的要求，2016 年 2 月习近平总书记又提出坚持以人为核心，建设新型城镇化的"四个注重"倡导，为我国提高新型城镇化水平，探索推进中国特色城市发展道路指明了方向。中美两国政治体制不同、国情不同，经济发展水平也存在较大的差距，虽然美国城市规划建设的一些经验，不能简单照抄照搬，但它们的规划理念和工作方式为我们现阶段城市发展，提供了许多启迪和借鉴。

（一）应该更加注重以人为核心

市因人而兴，城因人而建。城镇化的核心是人的城镇化，也就是让人民享受更好的城镇生活。城镇无论大小，发展要各具特色；居住无论城乡，生活要同样方便舒适，这是城镇化工作的出发点和落脚点。许多民众之所以向往大城市，能享受更优质的公共服务、过上更舒适的生活是重要的因素。城市工作应更加注重以人为核心、民生城建的理念，以改善民生，提高幸福指数为目的，大力推进路水电等城市公用设施在中心城区聚集、向农村延伸，推进文化、教育、卫生、社会保障等公共服务建设水平更高、覆盖面更广。过去我们在城市建设中重速度、轻品质，重地上、轻地下，城市规模扩张得很快，但是供排水、污水处理、供暖、交通等基础设施欠账严重，部分地段规划不合理，建筑质量和楼房外立面水平不高，虽然也下了很大力气建设了一批绿地、河流景观，但是与市民互动性差，活动场所少，而且许多公共设施设计不够人性化，今后应该在这些方面积极改进，着力补齐交通短板，加快地下综合管廊和海绵城市建设，打造城市建筑精品，推进产城融合发展，建设宜居宜业之城。

（二）应该更加注重规划可持续

规划质量决定城市未来前景，规划执行力决定前景实现程度。相比美国动辄上百年不变的城市规划，我们必须更加注重规划的科学性、前瞻性、长久性。在规划编制上，着眼可行性、前瞻性、长期性，综合考虑城市功能定位、文化特色、建设管理等多种因素。

通过对城市发展规律的准确把握，用发展的眼光、未来的视角来编制，以高质量的规划推动城市可持续高效发展。在编制方式上，应上下结合，既要请高手，也应注重挖掘、发挥民众的智慧，可邀请被规划企事业单位、建设方、管理方参与其中，还应该邀请市民共同参与，集思广益、群策群力，确保规划编制的高质量。在规划设计上，引入设计导则，在城市总体规划、街区规划、建筑风格和整体效果，甚至院落格局等方面，都要在严格程度和内容深度上做到精细，彰显人性设计。加强对城市的空间立体性、平面协调性、风貌整体性、文脉延续性等方面的规划和管控，留住城市特有的地域环境、文化特色、建筑风格等“基因”。在规划执行上，必须体现“刚性”约束力，加强控制性详细规划的公开性和强制性，完善监管机制，在“标准、视野、责任、经常”上狠下功夫，严管紧抓，保证规划“不走样”，达预期目的。规划执行必须保持延续性，一张蓝图绘到底，防止出现换一届领导、改一次规划的现象。

（三）应该更加注重空间布局优化

城市发展是一个自然历史过程，有其自身规律，农村人口向城市集聚、农业用地按相应规模转化为城市建设用地，人口和用地相匹配，城市规模同资源环境承载能力相适应。我国当前正处于城市多元发展的时代，各地必须认识、尊重、顺应城市的发展规律，积极探索更加适合各自发展的城乡建设之路。一方面，规划好市域空间布局。城市发展应该本着可持续发展的理念，把握好生产空间、生活空间、生态空间的内在联系，既满足当前发展要求，又为今后发展留足空间。增强城市内部布局的合理性，提升城市的通透性和微循环能力，实现生产空间集约高效、生活空间宜居适度、生态空间山清水秀，统筹抓好生产、生活、生态布局。另一方面，做强中心城市龙头。中心城市是高端要素和创新活力的主要聚集地，是推动城镇化的核心动力。要注重发挥中心城市在金融、物流、贸易、会展、信息和高端制造业等方面的集聚、辐射和带动作用，以推动周边县域、镇域尽快实现“同城”发展。以泰城为例，就是按照区域性中心城市的发展定位，坚持以“两山一河”（泰山、徂徕山、大汶河）为骨架，以城市功能片区为支撑，以城市交通廊道为纽带，进一步拉开中心城市发展框架，形成“两山相映、一水绕城”的山水城市格局。

（四）应该更加注重产城融合发展

城市和经济发展两者相辅相成、相互促进。以产业支撑城镇化，城镇化带动产业化，推动产业化发展和城镇化建设良性互动，是加快城市发展的重要途径。一是发展竞争力强的产业集群。当前，区域间的竞争是产业的竞争，提升产业竞争力的主要途径就是打造现代产业集群。要树立产业集群思想，立足各自产业发展基础和前景，选择具有本地产业、行业传统优势的战略产业集群，优先供给各类生产要素，形成竞争力强的特色优势产业集群，为城镇化提供强力、持续的动力支持。二是建设专业园区。产业园区是产业发展的主要载体、城镇化发展的新动力。要坚持专业化、特色化的园区建设原则，加大各类园区规划建设力度，进一步完善功能，提高园区的承载能力，推进产业园区区域化布局、高端集群化发展。

（五）应该更加注重城市品位提升

一是提高城市承载能力。重点加强城市道路、综合交通枢纽、地下管廊、海绵城市等基础设施建设，优化教育、医疗、养老等资源配置，加大棚户区改造力度。二是加强城市生态建设。“看得见山，望得见水，记得住乡愁”是习近平总书记对城镇化过程中生态建设的明确要求，在城镇化建设过程中，应该时刻把生态摆在工作的重要位置，让子孙后代记得住历史，记得住乡愁。更加注重体现生态理念，注重保持和发挥城市自然环境特色和优势，科学设计生态框架，明确功能区划，把自然与城市更好地结合起来，塑造鲜明的城市特色，彰显独特的城市风格。着力发展循环经济，实施洁净工程，治理环境污染。大力开展城市生态修复，重拳治理雾霾，改善城市微气候，创造更加优美宜居的环境，努力打造生态城市、美丽城市。三是着力塑造城市品牌形象。彰显文化、产业、地域、建筑特色，形成与当地历史文化、经济社会、生态环境相适应的城市风格，在城市规划和旧城改造中，特别注意对历史文化街区、古老建筑、临街建筑的保护，保留城市建筑风貌特色，传承历史，打造各具特色的魅力城市。

（六）应该更加注重城市精细化管理

抓住城市管理和服务这个重点，不断地完善城市管理和服务，彻底改变粗放型管理方式，让人民群众在城市生活得更方便、更舒心、更美好。着力推进依法治市，深化城市管理体制改革，严格落实城市规划、建设、管理等责任。做好城市领域法规、规章的清改立废工作，把公众参与、专家论证、风险评估等作为城市重大决策的法定程序，转变城市管理方式，依法、文明执法。波士顿广场的喷泉上面刻有一句话“好的市民是城市的财富”，把城市管理好，除了需要政府相关部门认真工作外，还需要市民素质的提高。应该尊重市民对城市发展决策的知情权、参与权、监督权，鼓励企业和市民通过各种方式参与城市建设、管理。以此，不断推进城市管理的法制化、智慧化、人本化和公开化，引导广大群众关心、支持城市的规划、建设、管理，营造全民参与、共治共管、共建共享的浓厚氛围。

赴美国培训考察的感受与思考

威海市人民政府调研室　修振竹

2016年9月，随团赴美国参加了省政府研究室组织的公共政策决策咨询培训考察，学习、解了美国公共政策决策咨询制度的特点、经验，拜访了美国联邦政府部门和地方议会、政府有关单位，实地参观考察了学校，城市及城镇，社区，水厂及废水、垃圾处理厂等。通过学习参观，开阔了眼界，更新了观念，增长了见识，深刻感受到美国有许多方面值得我们学习和借鉴。

一、突出感受

（一）美国公共政策决策科学化、民主化水平较高

美国公共政策决策有严格的法定程序，主要包括拟定议案、列举现状和分析问题、制定议案所要达到的目标、拟定解决问题的各种方案、对多种方案进行评估并选定推荐方案、举行公众听证会、拟定执行方案、提交决策。对影响重大的议案，市议会或市长还会亲自召开公众听证会，并可视需要召开多次听证会。听证会向公众开放并有本地电视台直播。只要会前提出书面申请，市民就可在听证会发表不超过3分钟的意见。所有发言都会被书面记录，议员的辩论也会被记录并存档供公众查阅。只有多数公众意见达一致后，

才会表决。公共机构的会议也是公开的，在有限的情况下可以保密，但必须给出原因。形成的各种政策都要在网络等各种媒体上公开。政府采购要在市场调研、收集建议和信息的基础上，经过制定投标规划和采购计划、准备和公布投标方案，方案的评估和谈判，来源选择和签订合同等流程。包容、透明和民主，较好地结合了专家咨询和公众咨询，使公共政策决策更加科学，使美国更加与众不同。

（二）美国生态环境良好

这里空气清新，能见度很高。行驶在穿越华盛顿、弗吉尼亚、马里兰、宾夕法尼亚、新泽西、纽约等州的高速公路上，环视两侧，满眼是一望无垠的森林，时而有镶嵌其中宛若钻石的社区或私家花园，时而是森林环绕的美丽小镇，让人心旷神怡、美不胜收。城市也有大规模的公共园林绿地，华盛顿市容市貌非常整洁，整座城市就像一个大花园，建筑物错落分布在树林花草之中。在寸土寸金的纽约市中心，拥有5100多亩的原始森林般的中央公园。在城市公园里、校园内、丛林中、草地上，小鸟依人，小松鼠跑来跑去，一切是如此的和谐自然。城市、城镇、社区房前屋后及道路两侧的行道树穴周围，大都覆盖树皮、枝条、落叶以及木材边角料粉粹后经一定处理的有机物料。重视社区绿化，法律规定任何私人宅基地在建房前都必须规划一定比例的土地用于绿化、植树和种草，并由业主负责自费维护管理。

（三）美国交通较发达

高速公路纵横密布、四通八达、宽阔壮观，宽度大多都是双向8车道，中间隔离带是自然生长的杂草，没做任何处理。高速公路经过居民区的地方，一般都修有很高的水泥墙，既隔音，又安全。高速公路大多免费通行，连接其他各等级公路非常方便。少数路段专门设有自愿选择、没有堵车的收费高速，与免费高速隔离并行。纽约市高速公路宽度多达双向20车道，曼哈顿区路网密度高达每平方公里18.9公里，沿东西方向每隔80米、南北方向每隔160米就规划一个街区，虽然建筑及人口密度大，但交通组织却比较便捷顺畅。注重发展公共交通，基本形成了轻轨列车、地铁、有轨列车、公共汽车、观光列车、自行车等系统化的公交网络，且大多为单行道，交通非常快捷方便。公园、海岸设有专门的自行车通道和人行通道。市民大多住在远郊，上下班及其他出行一般驾车或乘车，因此被喻为“汽车轮子上的国家”。美国铁路、空运、水运都很发达，配套先进、换乘性好。

（四）美国城市特色鲜明

美国城市众多，大小各异，星罗棋布。每个城市都有自己的特色和详细发展规划，都十分重视本地域历史文脉的传承、渗透与发展。随着经济结构的调整以及国内市场的扩大，城市数量迅速增加，城市规模逐渐扩大，城市空间结构也随之发生显著变化，由最初的紧凑和密集结构向郊区化多中心分散结构发展，形成了以大城市为中心，以中小城市、小城镇及社区为重点，大中小城市均衡发展，层次分明、定位准确，相互配合、错落有致的城镇体系。纽约既是世界最早也是最繁华的大都市，58 平方公里的曼哈顿岛是该市的核心区，这个弹丸之地竟容纳了 4 亿多平方米的建筑，摩天大楼鳞次栉比，位于该岛南部的华尔街是美国财富和经济实力的象征，这条 540 米长的狭窄街道两旁云集 2900 多家金融和外贸机构，狭窄的道路与高密度的超高建筑，构成了纽约市中心一道独特的风景线。首都华盛顿是美国的政治文化行政中心，属典型的疏散型城市，居民以公务人员为主，建筑以多层为主，10 层以上的楼房都很少，城市以国会大厦为最高点和中心，八条大道放射线布置、纵横相连，目前与高速路网相衔接，形成了布局合理、疏散便捷、人口稀少、景色宜人、最适宜人们居住的城市。除少数大城市外，美国的城市一般规模不大，楼层不高，各具特色。

（五）美国城市、城镇功能完备

高速公路构成了城市的主要骨架，从中心城市连通了各郡（市）、小城镇及社区。城市街道、高速公路一般按英文字母、阿拉伯数字排列命名。公共服务配套齐全，建有大量的博物馆、展览馆、图书馆及多层停车场，设置了室内外运动健身场所。人行道及各类建筑都设有无障碍通道。凡有台阶的地方一般都会有相应的扶手。公园里、街道旁随处可见座椅，各郡（市）、城镇、社区，一般都配套了舒适旅馆、西餐厅、自助餐厅、购物超市、公共厕所及健身室、游泳池、足球场等设施。所有公共厕所，无一例外地统一标识为休息室（restrooms），一般都配有自动感应出水装置，外面配套建设了洗手化妆间，许多还有公共饮水设施。公路和市政道路排水系统，一般都对排水处的路牙石下断面作沟槽处理，并与路面排水网相衔接，大大地提高了路面的排水效能。通过植树、雨水花园、洼地、可渗透的人行道等“绿色”基础设施对雨水进行过滤和储存。社区及各种组织、社会志愿者还经常提供一些义务服务，举办一些免费的培训课程，方便和丰富人们的生活。

（六）美国开放公共设施多

美国的山川峡谷、历史古迹、城市教堂、博物馆、展览馆、大学、社区、水厂、废水及垃圾处理厂等都可以参观。国会大厦、政府部门、国家图书馆、国家公共广播电台乃至军校等也可以凭有效证件经安检后免费参观游览。联合国大厦也对人们开放，购买门票后也可以参观。标志美国独立解放的和平钟等景观不仅免费对公众开放，而且还用德、英、法、中等6种语言系统，根据需要对不同人群播放。

二、启示和建议

1. 坚持一体化布局，加快推进威海市全域城市化进程。美国“中心城市+郡（市）+小城镇+社区”的城市结构、形态和实践，对威海正在实施的“全域城市化、市域一体化”“重点区域开发”等城市发展战略，具有很强的指导和借鉴价值。一是抓住国家新型城镇化综合试点、产城融合示范区建设试点和中欧城镇化伙伴关系合作城市等机遇，进一步提高城市规划设计和建设标准，优化城市化布局结构和形态，以中心城市、次中心城市为核心，以重点区域、重点镇为节点，以新型社区为基础，加快打造布局科学、疏密相间、功能互补、市域一体的生态化组合型都市区。加强国家、省、市示范镇建设，稳步推进乡镇合并、镇改街道，积极开展扩权强镇试点，逐步建成城市片区或小城市。积极稳妥推进新型社区建设，坚持规划先行、建设集约、因地制宜、群众自愿的原则，实施村庄迁并整合，引导适度集中居住，并逐步向大社区转变。二是按照适度超前、优化布局、完善网络的原则，有序推动高速铁路、高速公路、城市轨道交通、枢纽场站等重大工程项目，统筹布局地下综合管廊、多层停车场、无障碍通道等市政设施，加快建设智慧城市、海绵城市，配套建设居住、医疗、教育、商业连锁、文化休闲、体育健身等生产生活服务设施，全面提升基础设施现代化水平。三是推进产城融合发展，立足地方优势特点，积极发展优势产业，力促重点项目和产业园区建设，使产业发展与人口聚集相匹配。四是重视各地历史文脉的继承和发展，加强历史文化和地域风貌保护，逐步使每一个城市、城镇都形成自己的风貌特色和独特魅力。五是按照“三个市民化”的要求，深化户籍制度改革，充分利用国家、省棚户区改造支持政策，推动城镇地域扩张，加快推进重点区域农业转移人口就地就近城市化。

2. 牢固树立绿色发展理念，大力推进全国生态文明建设示范市创建工作。美国高度的生态文明值得我们很好地学习和借鉴。我们在美国东部学习考察过程中发现，无论城市乡村、街道庭院，还是旅馆饭店、公园景区，处处绿树成荫，干净整洁，万里碧空，环境优美，市民自觉爱护自己的生存环境。近年来，我国也十分重视生态文明建设，并将生态文明与社会主义经济、政治、文化、社会文明建设列入国家“五位一体”总格局，而在我市坚持生态立市、努力推进全国生态文明建设示范市创建工作，已成为市委、市政府对全市人民的庄重承诺，我们更应该以更大的力度推进生态文明建设。一是高标准建设森林城市。美国东部森林覆盖率，华盛顿、弗吉尼亚、宾夕法尼亚等州均达65%，纽约、新泽西等州为60%，而我市引以为傲的森林覆盖率与之相比还有很大的差距。森林对改善生态作用巨大。应重点开展沿海防护林带，绿色通道扩面升级，水系绿化，村庄、企业及校园绿化，社区绿化，空地绿化，荒山绿化，退耕还林、还果等工程，大力推进森林生态建设，逐步扩大森林覆盖面。二是强化对自然保护区、生态系统的保护和修复。加强森林公园、湿地公园、自然保护区、风景名胜区、海洋保护区等生态功能区保护建设，构建以生态保护红线、环境资源承载力为基础的城市环境资源综合管控体系。三是全面推进污染治理。以大气、水和土壤污染治理为重点，分阶段、分区域设置环境质量目标，科学确定防控措施，对不达标的及时进行强制整改。四是强力推进节能减排。加大节能、资源节约管控和应对气候变化推进力度，加快调整优化产业结构和培育发展绿色产业，大力发展循环经济，完善垃圾分类处理、再生资源回收等政策体系，促进资源节约高效利用。

3. 整合各类资源，扎实推进全域旅游供给侧改革。美国的办公场所、公用设施对公众开放的做法给我们以良好的启迪，使我们抓旅游发展的思路更加开阔，不仅自然资源、各类景区、公园、度假区是旅游资源，机场、车站、码头、旅店、餐馆、厕所、商场等设施是旅游资源，学校、社区及办公场所、公共机构等都可以是旅游资源。不仅一、二、三产业可以融合发展，旅游和社会事业也可以联动，向人们提供观光体验的场所。“一切＋旅游”“旅游＋一切”在这里得到了充分的诠释。应立足全区域、全要素，推动旅游业理念创新、模式创新。一是开放部分特许公共资源。选择部分大学、中小学及幼儿园、养老院、水厂、污水及垃圾处理厂、老洋房等场所，面向公众提供休闲体验式旅游产品。二是方便旅游购物。筛选包装一批具有地方特点的海洋、纺织服装、皮革、钓具等游客喜爱的旅游商品，并推动其进百货商场、进连锁超市、进免税店、进游客餐饮场所。三是强化标识及语言翻译服务。在刘公岛、环翠楼等景区和重要场所，制作多语言语音解说系统，设置多语言标识和导向图。在对厕所等公用设施进行功能提升的基础上，参照国际惯例，予以规范标识。

4. 加强优质品牌商品供给，着力扩大国内消费市场。近些年来，我国公民的境外“爆买”，不仅在规模上迅速扩大，而且在结构上已由珠宝、手表等高端消费品向服装、皮革、化妆品、婴幼儿奶粉、非处方药、厨卫用具等日常用品扩展。不远万里从境外买回的许多商品还是中国制造。适应结构转型和消费需求结构升级的需要，一是多途径组织优质品牌商品货源。特别是利用好服务贸易创新发展试点、跨境电商试点等机遇，在进一步扩大出口的同时，积极先行先试，争取政策支持，做好优质品牌商品进口和供给文章。二是加快提升制造业产品质量。瞄准市场需求，不断引进研发新技术，提升创造新产品，发展新业态，引领新需求，这样才能从根本上激发和释放巨大的市场潜能。三是加强市场监管。严格执行国家业已颁布的技术质量标准，并不断提高标准水平。对假冒伪劣、欺行霸市等不法行为，从重、从快地予以打击。

5. 健全决策机制，努力推进人民满意的政府建设。一是推进重大决策程序法制化。即用法制手段将重大决策的立项、信息公开化、分析评估、专家咨询、多方案比较、公众参与等程序作出制度安排，使整个决策过程有法可依、有章可循。二是推进决策过程和决策信息公开化。结合电子政务建设，将决策过程和决策信息的公开化作为重要内容，为专家和公众参与各级政府的决策提供平台。三是完善公众参与决策制度。总结公众听证会已有实践，围绕决策信息发布、专家评估方案公示、公众代表推选、听证会程序、公众意见的采纳与反馈、决策方案的修改等作出规定，建立切合我市实际的公众听证制度和公众利益均衡机制。四是推动智库建设。重视决策咨询机构和专家队伍建设及其作用的发挥。通过与全球知名智库的交流、合作，提升研究能力和决策咨询的科学化水平。

对美国基础教育的印象

德州市人民政府研究室　于吉军

在飞往美国的飞机上，我发现可以用三三制来概括乘客的结构。即1/3是老年人，1/3是学生，1/3是其他人。询问邻座，方知原来正赶上美国的开学季，学生们要返校，这些老年人大多也与此有关。邻座还告诉我，这些年国人赴美“两龄化”趋势明显，一是老龄化，很多老年人到美国来投亲养老；二是低龄化，不光留学生由大学快速蔓延至中学甚至小学，Baby学生也很多。这种说法在华盛顿机场的摆渡车上得到验证。这次航班上有7个童车，出口处6部轮椅，还有不下10个儿童或手领或怀抱。出关排队时，来自河南周口农村的一位大姐说，孙女出生5个月就送回老家，现在到了上学年龄要回美国读学前班。

一、从历次留学潮看美国教育的吸引力

中国真正意义的留学是从1872年首批30名幼童留美开始的。从此先后形成五次大规模留学潮。分别为：

第一代留学潮（1872—1900年）。形式是官派留洋，主要包括1872—1875年的四批共120名赴美幼童和1875—1890年约88名赴欧海军士兵。主要学习洋务急需的开矿、机械、造船、军事等专业

技术。知名人物有詹天佑、严复、邓世昌等。

第二代留学潮（1900—1927 年）。大体包含三大群体：一是甲午战争后留日潮，由于地理、文化、费用等因素，人数庞大，仅1905 年就有 8000 多人赴日，其中涌现一大批响当当的人物如孙中山、廖仲恺、蔡元培、蒋介石、周恩来、鲁迅等。二是庚款留美及由此带动的自助赴美，这部分人具有明显的理工色彩，他们中成长出梅贻琦、侯德榜、梁思成、钱学森、钱伟长、竺可桢等一大批学科奠基人，成为中国现代科技事业的开拓者。三是全国性的留法勤工俭学潮，培养周恩来、邓小平、李立三、钱三强、巴金、徐悲鸿、冼星海等一大批杰出的人物。

第三代留学潮（1927—1949 年）。这个时期分三个阶段：第一个阶段是战前 10 年，民国政府有计划地大量外派官费留学生。第二阶段是二战期间大量留学生滞留海外，融入当地工作生活。第三阶段是战后局势动荡催生的移民潮。这个时期留学进入成熟期，大量青年才俊接受系统正规的西方教育，为建立中国科研体系和工业基础奠定坚实基础。

第四代留学潮（1949—1965 年）。这个时期分为大陆与台湾两部分。大陆留学主要集中在苏联和东欧社会主义国家，从 1950 年起，新中国与苏东各国达成交换留学生协议，每年约 1000 人，15 年间共派出 1. 6 万人，其中留苏学生超过 1. 4 万人。台湾地区则再度掀起留美新高潮，每年约 1 万人。这两大群体虽然留学背景、地区差异很大，但都在经济社会发展进程中成为强大中坚力量。

第五代留学潮（1978 年至今）。分两个阶段：前 15 年以公派为主，后 15 年的自费留学群体快速上升。留学地主要集中在美欧地区。据统计，从 1978 年至 2016 年底，各类出国留学人员累计达

458.66万人。其中留美人数最多，达209万人，其中2016年赴美留学人数达32.8万人。持续30多年的留学潮既为中国改革开放提供了强大的科技智力支持，又直接成为我国对外开放和扩大对外交流的重要组成部分。

纵观中国百年留学大潮，美国既是发轫之地，又是主要目的地，始终处于留学的主角地位。

二、从招生广告看美国教育体系

1. 基础教育构成

美国基础教育是指学前班（Pre - K）到高中三年级（K - 12）的教育。包括四个阶段：①幼儿园，为2.5岁~5岁儿童提供幼儿教育。②小学（Elementary Schools/Primary Schools），提供从学前班到小学五年级的教育。③初中（Middle Schools），提供中学六年级到中学八年级教育。④高中（High Schools），提供中学九年级到十二年级教育。

2. 学校分类

美国的基础教育机构主要分三类：

①公立学校（Public Schools）。公立学校是美国基础教育的主体，美国大部分家庭都选择让孩子去公立学校就读。主要原因：一是免费。美国的基础教育是免费的，即从小学到高中全部免费，所谓免费主要是指学费，其他的资料费、餐饮费、交通费等通常要自费。二是省心。公立学校由各级政府管理，从学校管理制度、课程设置到学业考核都有一套规范的制度和相对成熟稳定的机制。三是便利。美国的公立学校一般都是按学区就近就学，并且政府提供比较完善的校车服务，孩子上学非常便捷、安全。

②私立学校（Private Schools）。美国的私立学校形形色色，一部

分是按性别分的男校、女校，更多的是突出学校办学的独特性，比如宗教、文化、语言、特长、残障等等。总量大约占整个基础教育的10%。究竟是否让孩子选择私立学校，在美国社会也是一个热门话题。但主要的决定因素还是一个“钱”，小学阶段每年学费大约2万美元，这对一般美国家庭而言也算是个不小的数目。其他影响选择的因素还包括上学便利程度，对私校办学特色的认可度，以及申请入学的难度等。很多私立学校对入学条件有门槛设置，往往还要排队等待。

③特许学校（Charter Schools）。这类学校介于公校和私校之间，属于“公校私营”性质，办学自主性较高，提供有特色的若干专门教育，不收费，但申请入学有一定条件或门槛。目前特许学校约占美国公立学校的5%，但近些年成长速度非常快，越来越多的美国家庭倾向选择让孩子进入自己心仪的特校接受教育。

3. 学区与择校

在这方面美国和中国有很高的相似度。学区基本上是依行政区划来划定的，一般在每一个县或者相当于县级的市（city）范围内，根据人口分布和地理范围设置几个学区，在每个学区里有若干所小学、几所初中、一所高中。

根据美国教育部法令：学区内的公立学校是由地方政府、州政府和联邦政府资助。只要是居住在学区的家庭，无论是有房者还是租房者，都有权送孩子到该学区的公立学校免费就读，任何公立学校（特别是小学）都不能拒绝申请入学。当然私立学校和特许学校可以有自己相应的附加条件。对绝大多数美国普通家庭而言，从小到大，一家人都是在一个学区读书，从小学到初中，再到高中，这个过程通常是在一个学区内完成的。所以学区既是一个相对明确的地理范围，也是一个相对独立的生活社交圈。

择校历来就是美国社会的热点话题。人们关心和讨论的焦点主要集中在两个方面：一是对学区内公立学校的办学质量的关注。因为毕竟大多数美国家庭孩子的上学还是以选择就近上免费的公立学校为主，所以往往不少家庭为了选学校而不得不择学区而居，也就出现了好的学区房比较贵的现象。二是跨学区上学。只要钱不是问题，选私立学校是最方便的。特许学校也是个选择，但对孩子、对家长都比较麻烦。近年来，在美国的许多州，公立学校的跨区择校也有增加的趋势，有不少地方实行教育券改革（特朗普即主张此改革），但可选择的热门名校名额往往竞争比较激烈。

三、以课程表看美国教材体系

1. 学期安排

美国幅员辽阔，各州自主权较大，所以一年之中的学期安排往往有较大的差异。但一般而言，每学年内的总学时和总放假天数还是大致相同。以小学为例，大多数美国小学的一学年总授课日约 180 天包括两个学期，每学期 18 周，每周上课 5 天。全年放假天数大约

70天，但期间的假日名目繁杂，各州各地都不尽相同，开学放假日期也不同。通常多数小学选择九月的第二个星期二（劳工日后一天）开学。每个学校全年的活动安排都完整体现在学校的校历上。并且学校之间校历特色可谓多资多彩。

美国东部某小学年度校历

9月1日	小学第一天开学，上半天课 上午班的幼儿园学生上半天课；下午班的幼儿园学生不上课
11月2日	本段课程结束，老师寄出小学生的成绩单、进步情况，老师的建议、评估等
11月15日	从幼儿园到五年级的学生，上半天课；下午与晚上，家长与老师进行会谈 六年级的学生，全天上课
11月21日	学校放假 感恩节休假开始
11月22日	学校放假
11月23日	学校继续上课
12月24日	学校放假 冬季假期开始
1月1日	学期考试开始
1月21日	马丁·路德·金纪念日 学校放假
1月22日	学期考试开始
1月23日	学期考试
1月24日	学期考试 第一学期结束
1月25日	第二学期开始 全体学生上半天课
3月14日	全体学生上半天课 下午与晚上，家长与老师参加春季的会谈
3月28日	全体学生上半天课
3月29日	学校放假，春季假期开始

续表

4月8日	学校继续上课
4月12日	第三阶段结束，老师将寄出小学生的成绩单、进步情况，老师的建议、评估等 全体学生不上课
5月27日	战争纪念日 学校放假
6月13日	全体小学生上半天课 上午班的幼儿园学生上半天课；下午班的幼儿园学生不上课
6月14日	学校最后一天上课 全体学生上半天课；下午班的幼儿园学生上半天课；上午班的幼儿园学生不上课

2. 课程编排

美国基础教育的课程安排是美国社会教育理念的具体体现。简言之，就是素质教育。他们认为教育是一个人长大成人的过程，这个阶段需要什么，就让他知道什么，就让他做什么，那么学校就理所当然地在不同年龄段安排什么课程。

美国某小学二年级的时间表

时间	课程	课程内容（每天并不一定一样）
8：00—8：30 （30分钟）	早晨活动与课程	学生： ◇数学教学辅助图表 ◇设定的数学标准课程 ◇其他的个别学习、练习 老师： ◇每堂的点名 ◇收钱（如果要临时买午餐，或是有收费事项。例如，出去参加课外活动的费用） ◇安排学生平稳地进入学习状态
8：30—9：20 （50分钟）	数学教学与练习	◇辅助性的数学教学图表练习 ◇赛克森数学课程与练习 ◇老师带领下的标准数学教材学习 ◇学生自己做标准数学教材练习或是辅助数学教材练习

续表

时间	课程	课程内容（每天并不一定一样）
9：20—10：00 （40分钟）	阅读课程	◇复习已学习过的题材 ◇老师带领下的阅读课程 ◇老师与学生共同阅读。经常是老师辅导与指引学生自己选择题材 ◇学生独自阅读
10：00—10：10 （10分钟）	休息	
10：10—11：10 ·（60分钟）	语音课程与写作课程	◇每日一语或事件分析，学习赛克林拼音课程 ◇短的写作 ◇学生独自写作 ◇老师与学生共同阅读。经常是老师辅导与指引学生自己选择题材
11：15—11：45 （30分钟）	学生阅读自己选择的书籍	◇老师大声地念或是讲解书籍 ◇阅读重点 ◇老师与学生讨论阅读 ◇不断测试学生水平与学习进步情况 ◇学生开始考进阶考试 ◇学生自己谈论书籍阅读心得
11：45—12：15 （30分钟）	午餐	
12：15—12：40 （25分钟）	午休	
12：45—1：30 （45分钟）	科学，社会科学课程	◇科学单元 ◇社会学习单元 包括英文、教科书、网络上的学习，还有动手做的活动以及研究报告
1：30—2：30 （60分钟）	不在主教室进行的或是专业化课程	体育课、音乐、艺术、多媒体的课程
2：30—2：45 （15分钟）	准备放学	将一天未完成的作业完成，预习功课，收拾书包

主要包括以下几门主课和若干基础技能课：

①语文（英文）：分为识、读、写三方面内容。识字：认单词、

拼单词。阅读：通过听读训练，掌握对句子、段落和全文的理解能力，并获取相应知识。写作：从造句子逐渐延伸至写作文。

②数学：四则运算和演算能力。最基本的几何认识。在教学中尝试建立数学思维能力。

③科学/健康：认识大自然中植物与动物，并引导讨论环境保护话题；认识人类身体上的系统，引导学习个人清洁卫生原则；讲解休息、运动、营养等相关知识；展示、观察并动手参与简易科学实验。

④社会科学：学习历史知识；学习包括城市、州、国家不同层级的地理、地图知识；参与小区内社团活动，与人相处，共同完成具体的任务，并亲身体验领导与被领导的技巧。

⑤艺术：到博物馆、剧院欣赏演出，认识乐器，练习歌唱、韵律与动作等，参加校内戏剧排演演出等。

⑥家政：学习烹饪、保洁、整理、园艺等与生活相关的知识与基本技能。

⑦其他：不仅包括在老师的帮助下，发现自身在生活、写作、艺术、音乐等的兴趣和独特优势，还包括学习游戏、操作电脑键盘、上网搜索、打字和简单排版等。

关于美国基础教育的课程难度，这些年国内有不少讨论，我们往往有一个不准确的印象，好像美国的课程比中国的浅。其实在小学阶段反而是美国的课程难度大于中国，只是中学阶段中国的数理化和外语课程深度和难度骤然增加。

美国的小学六年级既是从小学进入中等学校的分界点，也是从儿童教育向青年教育转换的第一步，而且是一大步！到六年级后，人生的青春期开始了，一个即将跨出儿童世界的人正迈向属于自己的独立人生。六年级的孩子，在学业、社会化、情绪等方面都发生了重大的变化。

语文方面：能够听、说、读、写，有能力阅读各种不同类型的文章，可以针对不同对象或者为了不同目的进行写作，能够清晰地描述、解释观点或事物。

数学方面：精通数学加减乘除四则运算，熟练掌握代数的不同运用，可以应用几何概念解答问题，能用方程式与概率来做预测、推算。

科学方面：了解物质的结构、门类及物理性质，了解动植物的构造、生长过程及生存模式，学习到地球、月亮、太阳的系统知识，初步掌握基本的固定实验程序和操作规范。同时，人体自身健康生活知识有了系统了解，学习了人体解剖学、营养学常识、急救方法、性与避孕、抵制毒品等课程。

社会方面：学习了包括希腊文化、罗马文化、英国文化在内的美国历史文化课程，在团队活动实践中培养锻炼沟通、合作意识和组织领导能力。

总体而言，美国基础教育的教材体系与中国差异很大，内容编排、难度设计都不一样，突出的特点是其教材的知识宽度要比中国教材宽泛得多，表达形式也灵活有趣得多，实用性和可操性要高得多。不过这些年来随着美国标准化考试的推行以及中国教育体系影响力的增加，美国越来越多的学校和家长，开始要求老师提高课程难度，特别是增加课堂和课下作业量。这一点从各书店和大型商场图书专柜里摆放的五花八门的教辅材料可见一斑。

3. 学业考试

谈美国的中小学考试，必先了解两个联邦法案：一个是 2001 年老布什当政时，通过的《没有孩子输在起跑点法案》（the No Child left Behind Act），在美国被俗称为“不掉队法案”。另一个是 2015 年奥巴马执政期间，通过的《每个学生都成功法案》（Every Student Succeeds Act)，俗称“成功法案”。

前者，在美国实行长达十五年之久，这项法案从设计之初就是针对美国公立学校教育制度改革，对美国教育的影响是广泛而深远的。它的中心思想是实行严格的“标准考试”。包括两大关键点：一是联邦各州都必须对所有公立学校组织统一的学业考试，并且学生在数学和英文阅读的标准考试中必须达百分之百的通过率（即“不掉队”)。二是每年、每一位学生、每一所公立学校，在标准考试中都要适当的进步。这两项要求任何一项达不到要求，政府将会按相关规定削减对学校的经费支持，并相应扣减老师和学校行政人员酬资，直至辞退！从这个法案开始，考试成为遍及美国公立中小学校的刚性要求。

美国中小学考试主要分三种：

第一种课堂考，由老师组织，记录学生平时的表现，作为年终评价依据。包括三种形式：①课堂提问（quest)：讲完课后，随堂向学生提问题。②随堂考（quiz)：不定期在课堂出题目考试。（当然一般都是在教学单元内容结束时)。③模拟考试（小考）（tcst)：一般在正式考试前让学生做有针对性考试，类似摸底考试。

第二种学期考，由学校组织，在每学期的期中和期末各考一次，成绩对学生和老师都很重要，作为评价学习和教学水平的重要依据。

第三种标准考试（state End - of - Grade Tests)。由州教育部（局）统一组织，成绩是考核学生、老师和学校的“金标准”。

这些考试的目的，是让老师、学校行政管理人员、家长看到学生在学业上的成长与进步。大的考试后，学校一般会将分数以不同形式的报表呈现出来，如分数排行、百分比、曲线图或饼状图等。每一名学生、每一个班级、每一所学校的成绩都一目了然。这些考试对改革课程规划与教学方法具有导向作用，老师可以通过报表发现每个学生在学业上的问题，有针对性地调整教学策略和方法，帮助学生提升成绩，学校可以参考报表来改善教学计划与师资配备，政府可以据报表指导和调整区域的教育资源配置。除了公立学校，私立学校和其他特殊学校也大多采用类似考试模式，以便体现法案要求，更好地和整个教育体制接轨。

考试题库和相关备考资料的编辑制作是市场化的，根据考试级别分别由政府教育部门、学校、年级部和老师做出选择。标准化考试在各州也有不同版本选择。但在全美影响最广泛的当属 SAT，即“史丹佛测验”。这套享誉世界的测验体系，创制于 1926 年，目前已进入第十个版本（SAT－10）。全部测验分为十三个阶段，每个阶段针对一个年级，从幼儿园直到高中都可以从中找到相应的测试卷。测验范围涵盖英文阅读、英文词汇、英文听力、数学、科学、社会和读书技巧等方面。题型以选择题为主。

物极必反。任何一种教育制度都不是完美的，特别是这种整齐划一的标准化考试，在美国的社会文化里是有冲突的，越来越强烈地遭到来自各个方面的质疑和反对，最终的结果是导致民主党色彩的“每个学生都成功法案”的诞生。

这个法案的中心思想是分数不能代表一切！教育的目的不是考高分，而是让学生提升解决问题的能力。新法案虽然在舆论上迅速占了上风，但在实际执行中，尽管各地方各学校自由度大了，但整个基础教育体系却更加地混乱，出现了“老办法不行”“新办法不灵”的问题。据说特朗普上台后要清理整顿的一个重要方面就包括奥巴马的教育法案，目前还不知美国基础教育未来之路在何方。

4. 校车与校餐

校车、教室、体育场是每个孩子学校生活的三大载体。乘校车是每天学校生活的开始和结束的标志。

校车由地方政府向专业校车服务商购买公共服务。大多数校车是免费的，即使在收费的地方，政府的校车补助仍然占大头。一般以学区为单元划分校车服务范围，以学生分布情况组织校车途经线路，大多数学生都选择乘坐校车，但也有少量学生居住在学校附近或者家长有便利条件开车送孩子上学的。校车服务时间：早上6：30—7：30，下午2：30—3：30，有相对集中的接送点，孩子们每天在乘车点等候上车和集中下车。

校餐也是美国中小学校的一项重要内容。早餐一般是学生在家里解决，家长需要6点就给孩子准备简单的早餐，并催促孩子起床和做上学的相关准备。6：30前一定要用完餐赶到乘车点。在这一点上美国孩子一点都不比中国孩子轻松，也经常是睡梦中被叫醒，迷迷糊糊地吃早餐，睡眼惺忪地在校车里晃荡，直到走进学校大门，看到校长或值班老师才真正开始清醒明白。

有些小学特别私立小学会提供早餐，一般都比较简单。

美国某小学早餐菜单

星期一的菜单与卡路里量：	
一片法国吐司面包	280 卡路里
橘子汁	55 卡路里
多种水果	60 ~ 90 卡路里
1% 脂肪含量的牛奶或脱脂牛奶	80 ~ 120 卡路里
星期二的菜单与卡路里量：	
奶酪蛋卷	180 卡路里
杏仁	80 卡路里
各色新鲜水果	60 ~ 90 卡路里
1% 脂肪含量的牛奶或脱脂牛奶	80 ~ 120 卡路里
星期三的菜单与卡路里量：	
小酥饼	190 卡路里
橘子汁	55 卡路里
各色新鲜水果	60 ~ 90 卡路里
1% 脂肪含量的牛奶或脱脂牛奶	80 ~ 120 卡路里
星期四的菜单与卡路里量：	
火鸡或火腿肉加奶酪三明治	251 卡路里
苹果酱	50 卡路里
各色新鲜水果	60 ~ 90 卡路里
1% 脂肪含量的牛奶或脱脂牛奶	80 ~ 120 卡路里
星期五的菜单与卡路里量：	
全麦肉桂面包条	210 卡路里
橘子汁	55 卡路里
各色新鲜水果	60 ~ 90 卡路里
1% 脂肪含量的牛奶或脱脂牛奶	80 ~ 120 卡路里

美国中小学的午餐是正餐，比较丰富。实行定餐制，一般在学期初订缴午餐费用，没有订餐的也可以在每天早上上课前临时付费订餐。根据美国法律，地方政府需给符合条件的学生提供免费午餐。一般而言免费午餐的申请数量往往对学校的外在形象产生很大的影响，在高收入家庭占比高的学区内学校一般免费午餐数很少，往往是在少数族裔集中居住区或贫穷家庭集中区的学校免费午餐提供量很大。在美国人心目中，考虑孩子的心理因素，只要家庭条件许可，尽量不为孩子申请免费午餐。

美国学校只有餐厅没有厨房，午餐由专业公司提供配送服务。菜色品种丰富，讲究营养搭配，服务质量要接受学生、学校管理者和家长组织的定期考评。

美国某小学午餐菜单

星期一	牛肉或火鸡汉堡/全麦面包 或是鹰嘴豆泥（风干西红柿、鹰嘴豆泥、西芹、剥皮小胡萝卜、切片全麦中东包） 以下选两项 嫩胡萝卜、烤马铃薯、生菜切丝/西红柿、西洋梨 以及综合果汁
星期二	陈皮鸡 或是鸡肉凯撒色拉 长叶莴苣/炸面包条 以下选两项 炒蔬菜、蒸芥蓝菜、肉桂烤苹果、菠萝扇片、糙米饭 以及牛奶
星期三	奶酪披萨 或是古巴火鸡三明治 以下选两项 新鲜青色“花园”色拉、三角豆、青豆、西洋梨酱汁、哈密瓜 以及牛奶
星期四	面包夹炒牛肉酱，切片奶酪，墨西哥辣炸玉米片 或是酵母乳杯/手撕奶酪 切片苹果 多种谷类饼干 以下选两项 入味黑豆、素菜蘸酱（切条西洋芹，胡萝卜）、新鲜玉米、西洋梨、蓝色覆盆子调酱 以及纯果汁
星期五	炸鱼块，甜番薯 奶酪，通心粉 或是爆米花鸡肉色拉/聪明饼干/金鱼蝴蝶脆饼 以下选两项 大力色拉/菠菜/长叶莴苣、三角豆、意大利式蔬菜、混合水果、纯苹果汁、全麦聪明饼干 以及牛奶

四、从一则新闻看教育管理制度

美国教育管理制度的最显著特色是上虚下实，自治性和地方性强。联邦政府的教育管理权力很少、职能很弱。所以特朗普在选举中甚至公开表示要取消教育部。州政府的教育部也没有多少事可做。真正拥有实际权力的是县级教育部门，职能全，任务又重。所以美国的县（市）长选举，在很多州的很多地方都是同时选举三人团组合，即“县长+警察局长+教育局长”。县（市）政府教育部门的主要职能包括划分学区、规划布局中小学校、管理校长和教师的选聘考核、组织统一考试测评、指导统筹教育类公共服务（如校车等）。

虽然县级教育局职能很多，但真正承担大量具体教育管理事务的却是学区里的学校委员会（School Board）。通常一个学区管辖若干小学、几所初中和一所高中。学校委员会的委员由当地（学区内）居民选举产生。小的学区3~5人，大的7~9人，甚至还有15个人的。委员有一定的任职期限，薪酬方面没有法律规定，有的地方有一定补贴，但可领可不领。管理职能范围弹性很大，事无巨细，几乎无所不包，只要是区内居民或学校反映比较集中的问题，都要拿出来公开讨论并组织解决。比较重要的有以下几项内容：一是构建一个满足学区居民和学生教育需要的发展愿景，如五年教育计划，可以向地方政府提出增加或裁撤、合并学校的建议等。二是提出教育资源分配计划并组织实施，如制定学区内各学校的年度预算，定期公布财务报表，与教师工会谈判酬资合同，组织学校的基础建设项目，采购大宗通用教学物资等等。三是负责中小学校长的聘用辞退考核，讨论批准校长的用人方案等。可以说学校委员会的权力很大，人财物都管。但它毕竟是个民间机构，没有法定权限，这些权力的行使都是公开的，委员会开会都事先公布议题、时间、地点，对本地民众开放，居民可以申请听会，并且发言和提出意见建议，有价值的还会记录在纪要中，甚至形成下次会议的议题，供学区内居民公开讨论。这或许就是美国式民主的特色，看起来很热闹，但都是面上的事，实际运行却是另一回事。真正的权力运行还是在学校内部，在校长手里。

美国的校长在字面上和总统是一个词，当法也差不多，当选很民主，当权很专制。校长是一所学校的首脑人物。选择一名校长往往是一个学区内的大事件，非常慎重其事。通常会在现有管理团队内部产生，但如果学校办砸了，引起全学区和学校委员会的颠覆性否定，则要组织公开选聘。当校长必须在学校教学和行政管理方面具有过硬资历才行，要有相关领域的硕士学位和一系列证书执照，博士学位基本上已经成为美国小学校长的“标配”。从工作阅历上来看，首先是优秀老师出身，要有丰富的教学经验，在学生中和社区内有很好的口碑和知名度，还要从基层管理岗位逐级晋升到校级管理岗位（副校长等），才能参加竞聘校长。

校长的任务很重，比一般老师忙得多，工作职责主要集中在三个方面：第一方面是教学管理。全面组织实施学年教学计划，以提升标准考试成绩为导向，详细研究每个年级部甚至每个班级的教学方案，组织研发新课程和教学方案等。第二方面是行政管理。包括老师和行政人员的选聘与考核管理、财务管理、学生校内校外安全管理。第三方面是社会沟通。主要与政府教育部门、学校委员会、校工会、家长会等学校直接利益相关方的沟通协调，这些既是学校的“金主”，也是决定校长命运的大佬，当然要花大气力来做公关维护。担子这么重，待遇自然不低，工资一般比老师要多一倍以上，保险和退休金也好得多，还享有不少免费的业务进修机会和额外的五周假期等。

美国某小学行政人员职位

负责人	校长 副校长
办公室专职人员	小学心理医生 行政助理秘书
办公室职员	办公室职员 护士
学前学校教师	班导师
幼儿园	长颈鹿班　班导师 大象班　　班导师 小兔班　　班导师 小熊班　　班导师
一年级	1－A 班导师 1－B 班导师 1－C 班导师 1－D 班导师
二年级	2－A 班导师 2－B 班导师 2－C 班导师 2－D 班导师
三年级	3－A 班导师 3－B 班导师 3－C 班导师 3－D 班导师
四年级	4－A 班导师 4－B 班导师 4－C 班导师 4－D 班导师
五年级	5－A 班导师 5－B 班导师 5－C 班导师 5－D 班导师

美国中小学校的师资力量配备没有明确规定，一般情况是因事设岗聘人。美国中小学对老师的选聘是有门槛限制的，从招聘到考核管理都很烦琐。一般来讲年轻老师招聘必须是本科毕业，有2~4年的实习教师或学校行政助理类工作经历，多数州还要求具有教师专业认证。教师岗位每年一评一聘，薪资数额也在年度选用合同中重新明确定级。

公立学校老师数量庞大，平时管理规范，队伍比较稳定，也算准“铁饭碗”。私立学校往往强调个性化，追求招生效果，老师来源多元化，队伍不是很稳定，但收入水平比公立学校高得多。比如，某个地处偏僻小镇私立高中的老师就有这么几位：

杰夫，60多岁的白人，数学老师，毕业于美国海军军官学校，服务海军22年，在航空母舰上度过了十几年。当年在海军军官学校里，是美式橄榄球队的队长。退休之后，他先后在美国几所寄宿高中担任美式橄榄球队和长曲棍球队主教练。

芭芭拉，50多岁，白皮肤红头发，教英语和历史。她出生于法学世家，现年80多岁的母亲毕业于耶鲁大学法学院，是当年美国国内少数的执照女性律师。芭芭拉本人持有正式的律师执照，在伦敦和康州做过12年的环境法律师。同时，她还是位马学专家，在高中教书的同时，也在康州一所大学任教动物疗法。

瑞曼德，接近60岁，以前从事医疗器械行业，同时拥有几个技术专利。自从妻子十几年前患上了不可治愈的慢性病后，他改行进入中学教物理，以求稳定的生活，方便跟家人在一起。他是一位全校公认的完美父亲形象的专家级教师。

艾伦，40多岁，上世纪80年代毕业于哥伦比亚大学商学院的MBA，风云华尔街十载，在花旗银行当过副总裁，在1997年之前曾在香港工作过，当年是华尔街少有的副总裁级别女性。之后当了母亲，退离华尔街，到高中任教数学。

莱欧，30 多岁，原籍奥地利，出生并成长于阿根廷，讲流利的英、西和法文。在阿根廷大学毕业之后，获得全额奖学金，进入耶鲁大学音乐学校攻读硕士学位，之后随从专业的交响乐团到世界各地表演。在 30 岁之前，已经辗转 20 多个国家，最后决定安家，所以进入了学校当老师，既教长笛，又教西班牙语，还是一名优秀的足球教练。

杰逊，33 岁，他从大学开始接触 DJ，一直到现在，已经成为一名专业的 DJ，并在假期和周末期间运营自己的小公司，为周边不同的社区和学校提供服务。在大学毕业之初，他加入了国民警卫队，在医务部门任职六年，并成了一名专门培训急救知识的培训师。之后，他进入了教育界，从小学开始，经历初中任教多年，进入高中。在任教期间，他利用假期，在美国康涅狄格州的卫斯里大学学习，在 2010 年取得硕士学位，当时离他大学毕业已经将近十年。

老师的主要任务是经营自己的教室，美国中小学普遍实行走班制，每个教室都是老师自己的工作室，课堂装饰布置、教学设计、学生管理都在一间房子内进行。在教室内要掌控学生单独和分组活动的局面，对学生的行为举止负责，既要“hold”住秩序，也要引导学生对课业产生兴趣，满足学生不同课业需求，解答学生提出的各种问题。一个班级的老师从早上到下午放学几乎都和学生在一起。只有当学生去公共教室上音乐、体育、美术之类的课程时，老师才有时间批改学生家庭作业，研究课程计划，或与别的老师、行政人员研讨有关事务。

美国某小学的教师职责指南

◇依据学生表现，来观察他的进步情况。

◇与学生的家长保持良好的沟通，让家长了解孩子在学校里的情况。

◇能帮助学生挑战自己、克服自己的弱点。

◇帮助学生准备州里所要求的标准测试。

◇能建立起教室中的规则，并引导孩子们做出恰当的行为表现。

◇孩子们的午餐时段与午休等在教室外的活动，老师要起监督作用。

◇扮演一位推动者与教练的角色，来帮助学生学习重要的观念，并且让学生们可以应用上这些重要的观念。

五、结语

美国基础教育是在其独特的历史社会背景下逐步演化到今天这种模式的，短时间内从外行的角度来观察，自然是浮在皮毛的印象而已。但还是能感觉与我国基础教育的明显不同。

一是重视青少年的全面成长，身体健壮与知识学习同等重要。美国中小学同龄段学生的体质、视力等指标要比中国学生好得多。学校对学生安全和膳食营养都看得很重。

二是总课时数少、教材难度小，但课堂外教学活动多。艺术类、讨论类和实验操作类课时占比大，学生社会知识、自然知识的面很宽，独立思考创新能力强，实际操作动手能力明显高于中国学生。

三是参加社会活动、独立生活能力很强，从学前班开始独自乘校车往返。

四是国际化程度高，美国社会的多元化人口背景，以及老师来源的多样化，使学生和老师有机会接触大量来自世界各地的语言文化习俗，对世界的认识视野开阔得多。

总之，美国基础教育体系下培养出的学生身体强壮、见多识广、富有创见、视野开阔，确实有不少值得我们借鉴和思考的地方。当然美国社会存在的大量固有弊端，也在初中段以上的学生中明显反映出来，也值得我们警惕。

关于美国智库影响公共政策决策的几点思考

菏泽市人民政府研究室　刘建东

2016 年 9 月 5 日至 9 月 25 日，我随省政府研究室组织的“公共政策决策咨询研究团”赴美国进行培训。在 20 天的时间里，认真聆听了巴尔的摩大学和纽约大学有关教授和专家的授课，学习了美国公共政策决策咨询程序、公共政策决策影响评估、美国智库运行机制及参与政策制定的方式等课程，先后拜访了卡托研究所、巴尔的摩市长公共事务办公室、马里兰州公共服务委员会、纽约市政务委员会布鲁克林委员会等多家机构，与这些机构的负责人和专家学者进行了交流与座谈。通过培训，对美国公共政策决策咨询制度有了更全面的认识，特别是对美国智库如何影响政策制定进行了深入了解和思考，感到收获很大。

一、美国智库的基本情况和主要特点

智库（Think Tank），意即“思想库”，也称智囊团、咨询公司或情报研究中心等。世界上的智库千差外别，各有不同定义，一般是指以重大战略问题和公共政策为主要研究对象，以服务政党、国家、社会为宗旨，汇聚人才，整合资源，为治国理政提供理论、决策、方案、政策成果等的研究咨询机构。现代意义上的智库兴起于

20 世纪中期，随着二战结束，国际环境相对稳定，科技突飞猛进，经济秩序发生了重大的调整，国际关系日益复杂，迫切需要涵盖多领域人才的研究机构为决策者提供专业咨询，以应对新情况、新问题、新矛盾。这时，服务政府决策的智库应运而生。其中，具有标志意义的是 1948 年 11 月美国兰德公司的成立，这个智库精准预言了中共将出兵朝鲜，以及对越战撤军、中美建交、古巴导弹危机等重大国际事件，这些决策不仅影响了美国历史进程，甚至改变了世界，也让美国智库在全球声名大噪。至此，智库在美国政治生活中的地位越来越重要，尤其是七八十年代智库发展迎来高峰期，被称为智库的机构数量增长了几乎三倍，大量效力思想库的政策研究人员成为美国媒体和公众舆论关注的焦点。他们有的成为国会听证会的座上宾，有的则成为在新闻媒体上滔滔不绝的评论员，还会经常以思想库的名义发布数不清的所谓“政策简报”，有的甚至直接上书到总统或其他政府高官。总之，智库活跃在美国政治舞台的各个领域，对美国政府的公共政策具有非常显赫的影响力，被美国媒体称为“第五种权力”。

经过多年发展，美国的智库已影响美国政治、经济和社会生活的方方面面，形成了自己的特色。它既不同于政府决策咨询机构，能够提出相对独立的思想和客观的政策建议；也与大学和纯学术研究机构不同，它更加面向实际，把有针对性的政策建议和操作方案提供给决策者和公众。主要有以下几个方面的特点：

一是目标明确，贴近决策。美国的智库一般不做纯学术研究，而是做实用性、针对性强的对策研究，对政府政策方面的研究则根据自己的优势，有所侧重，确定相应的研究方向。例如，国际战略研究中心着重研究国际安全与稳定等问题，为美国内外事务提供战略性政策支持；国际经济研究所专业性比较强，专门就国际经济问题特别是汇率、贸易等问题进行研究；经济政策研究所的重点是研究中低收入群体的家庭经济状况和劳工工资问题；兰德公司的研究综合性和操作性比较强，注意运用多学科综合研究优势，针对政府决策中的难点问题提出可操作的方案。

二是研究的独立性和客观性。这是美国智库能够长期持续发展的重要法则。智库既不是政府部门，也不代表任何地区、行业或社会集团的利益。都注重自身研究的独立性，不因为服务对象的立场要求而预设价值判断。其研究成果都努力做到基于事实来说明问题，不被政治态度所左右。美国智库通过为决策部门提供计划、方案、建议、政策措施等“智力产品”来维持自身的生存与发展。智库要想脱颖而出，必须能够提出影响政府决策的高质量的研究成果。如果这些研究成果不具备独立性和客观性，没有一定的研究深度，经不起时间和实践的检验，智库就难以生存。同时，智库必须避免自身成为某个决策者或者政治集团的决策工具，否则其公信力难以存在。

三是智库的非营利性。美国的智库大都是非营利性组织，即不以营利为目标。其经费来源大致有四部分：书籍出版和学术会议所获得的经营收入；政府委托研究的合同收入；基金会的捐赠；企业和个人的捐助。其中，智库的主要收入来源是社会捐赠或者委托研究项目，特别是基金会或者其他组织与个人的捐赠。由于智库在公共政策领域的影响，使捐助智库研究的人感到他们是在投资美国的民主。

四是对公共政策进行专业性研究。这是美国智库得以立足并发挥重要影响的基础。智库能发展成为一种“产业”，与高质量、专业化的研究成果分不开。公共政策研究的兴起和发展始终围绕十分现实的问题。智库的兴起与发展始终围绕十分现实的公共政策问题，即如何使政府的决定和行动更合理并且更有效。为应对复杂的政策难题，为实现社会目标寻找更好的路径，美国的智库大都重视研究人员的多种学科背景，运用科学、理性的系统方法，借助当代先进的技术手段进行跨学科的综合研究。不同的智库有它们各自的哲学信条，但它们研究的政策和结论，都有学术理论根据，有严谨科学的基础工作作支撑，有效地提高了智库政策研究成果的可靠性、可行性。因此，美国智库的建议都会受到相当的重视。

二、美国智库能够影响公共政策的原因

1. 政治环境适合。美国是共和制国家，最大的特点是三权分立，这样的制度结构在一定程度上导致了权力的分散性、竞争性和决策机制的公开性、多样性。美国实行两党轮流执政，总统和国会都由选举产生，总统的每一项重要动议都要获得国会批准，而国会议员需要借助智囊团的力量为其提供政策咨询，从而掌握政策的主导权和对公众舆论的支配权。同时，美国又是联邦制国家，各州享有极大的自治权，所以美国政府作用相对有限，而小政府的体制为智库

的茁壮成长提供了优良土壤。里根说过一句话，“如果你相信政府无力解决，那就敞开大门迎接其他机构的解决方案”。智库恰好填补了美国系统这方面的空白。

2. 民众信任度高。据了解，美国多数智库并不完全依赖政府，且不对任何政府机构或者政党负责。比如，即使与美国军方关系十分密切的兰德公司，也在朝鲜、伊拉克等问题上与美国政府持不同的观点。这种对政策研究独立性和客观性的追求，让它在民众中有了较高的认可度。比起政客和政府官员，很多美国公民认为智库在某些情况下提供的观点和政策倾向更客观更可靠。甚至认为提供独立政策分析的智库机构是制衡“单一政府”政策工作的良好手段，这对整个美国社会都是有益的。

3. 法律保障有力。在美国，咨询已成为决策过程的法定程序，政府项目的论证、运作等各阶段都必须有不同的咨询报告，决策正式出台前要有两份以上的详细咨询报告，这样的法律规定为智库提供咨询提供了可能。另外，智库的设立一般也都有法律依据，这种法定身份使其咨询功能既是权利也是义务，提高了其研究和提供咨询的积极性。同时，美国政府不仅为智库发挥重要作用提供法律保护，还在信息和财税等方面提供支持。

4. 自身发展成熟。作为公共政策共同体的一部分，美国智库体系不断健全，已经形成产业化，智库本身的性质、结构、机制、发展战略以及智库参与政治和政策事务的具体机制、方法、技术也随着时代的发展，在发生深刻的调整和变化，在政治和政策过程中的影响力与日俱增。

三、美国智库影响公共决策的主要途径

1. 发表研究成果。智库依靠各自的专家学者就某一问题进行研

究分析，形成自己的政策主张，通过出版著作、期刊或发布研究报告等形式，尽最大努力获得民众和政府的认同。这是美国智库影响决策的一种传统而重要的途径。这种方式是以书面的形式向社会展现它们的研究成果，为公共决策服务。此外，有的专业性智库和知名智库还会直接承担政府委托的课题，为其提供对策和方案。

2. 制造舆论影响。智库对舆论影响越大，社会接受度越高，进而就可以影响政府决策。通过了解，美国智库在制造舆论影响方面有很多惯用而成熟的套路，如热衷举办各类学术研讨交流会，搭建一个专家学者与官员交流的平台，宣传自己的立场和主张。比如，借助电视、广播、网络等媒体，就某一热点问题或某一内政外交政策发表评论、展开辩论，博取公众眼球，提高公众关注度。

3. 积极对接政府。前面提到了美国智库的独立性，它们甚至为了向公众展示独立的一面，在某些政策上不惜站在政府的对立面。但这并不是说智库与政府毫不相干，双方保持密切联系，因为它们也明白，政府才是最大的“成果”买家。比如，美国国会经常举行各种听证会，邀请相关领域的专家列席并可以发表看法、提供建议，而各个智库都会十分珍惜这种机会，积极安排人员参加，有的智库还专门设置对接国会的部门，加强与国会的沟通联系。

4. 通过“旋转门”输出人才。美国的“旋转门”机制享誉世界，是指美国政府人员在智库、政府、企业之间有规律地流动，研究人员、政界高官、商界领袖的角色可以不断转换，就好比走旋转门一样。这既为美国国家治理不断注入了活力，也为美国智库发展增添了动力，形成了良性循环。比如，美国布鲁金斯学会现任200多名研究员中，一半具有政府工作背景，担任过驻外大使的就有6位之多。最为我们中国人熟知的，就是直接推动中美开展“乒乓外交”的美国前国务卿基辛格，他进入政界前任职于著名智库哈佛大学国际事务中心，退出政界后又成立了基辛格国际咨询公司并任董事长。可想而知，当研究者变成了决策者，其思想势必对公共政策的制定产生重大的影响。

四、对我国智库参与决策的几点启示

启示之一，保持智库的独立性。在中国，智库由来已久，历史上的门客、师爷、军师等等均为专门开展智囊事务的人才，用现代语言来说就是参政议政。但发展至今却已落后西方发达国家，很大原因就是缺少独立性。从地方来看，党政部门研究室、党校、社科联既是最权威的官方智库，也占据最大的资源，但行政化依附性强，官本位色彩浓厚，缺乏独立性，从工作内容上，大多承担的是文件、文稿起草工作，主要居于参谋助手的位置，智库功能不明显。下步，官方智库要按照《关于加强中国特色新型智库建设的意见》的要求，加快转型，在政策阐释与战略预测中寻找最佳结合点，在有服务性的同时突出思想性。另外，还要大力发展民间智库，尽可能地向其公开政府信息和数据，鼓励不同的声音、不同的观点、不同的立场。

启示之二，加强智库人才培养交流。借鉴美国智库“旋转门”

制度，结合我国实际，可以首先在党政部门的研究机构中加大人员的交流培养，推进研究人员到部门或区县挂职锻炼，提高研究人员结合实际的研究水平。积极采取干部培训、外出考察、交流挂职等措施，提高调研工作人员研究能力和服务调研的水平，使他们掌握更科学合理的决策思想和方法，成为高层次的决策参与者或决策者。

启示之三，健全完善智库参与决策的体制机制。美国法律明文规定政府制定政策时必须有咨询论证的环节，这既可以提高公共决策的科学性和专业性，也有利于扩大群众的参与权和知晓权。而我们目前很多重大事项、重点工程的调查研究、综合规划、方案论证、咨询建议等前期工作都由职能部门或者地方自行负责，其最终论证结果难免会存有部门或地方利益的影子。因此，建议研究建立智库参与决策的机制，出台重大政府决策论证的相关办法，在制度上明确政府决策前必须通过智库进行调研，未经调研的问题不得提交会议研究，使决策咨询论证成为重大决策程序的必经环节，让智库真正参与到决策中来，提升决策的科学化民主化水平。同时，加强与专业机构的联系合作。采取购买服务的方式，制定系列调研课题，委托专业权威机构限时完成。

启示之四，制定支持智库发展的政策措施。目前，由于缺少完善的智库人才培养机制，现有智库还没有建立系统有效的培养机制和经费保障，造成研究人员的自身研究能力不强，学习提升机会少，与专家学者沟通能力欠缺，无论是自主研究还是为咨询研究服务的水平都有待提高。因此，需要尽快制定支持智库发展的政策措施。一是完善激励机制。制订奖励办法，鼓励积极开展决策研究活动，注重研究的实效，注重对具体的、与经济社会生活密切相关的实际问题进行调查、分析、研究和判断，提高智库咨询的针对性、实用性、有效性，使高质量、专业化的研究成果服务决策。对创新性强、切合实际、已被采纳或部分采纳的决策研究与咨询成果，经评审给予物质奖励。二是搭建成果发布平台，探索转化机制。通过建立统一的智库网站、举办高层次论坛和演讲活动、出版系列智库研究报告和著作等多种方式，及时发布和交流研究成果，积极为政府和社会各界服务。三是完善保障机制。要改善研究机构工作条件，保障好研究经费。设立智库建设专项经费，用于决策咨询研究。同时，鼓励民间社会力量参与新型智库建设。

关于创建一流营商环境的思考

——基于对美国部分州政府促进经济发展实践的考察

山东省人民政府研究室　赵泓任

美国是一个典型的市场经济国家，也历来倡导有限政府的“普世价值”。到了美国特别是了解到各州政府的政策关注后，我的认识进一步深化：市场经济离不开政府，政府的“限度”在市场经济条件下还是蛮大的；政府和市场之间不再是边界清楚的“对立”，而是有机互动的合作，特别是在构建高效发展体系方面的合作充满创意与活力。美国州政府不仅高度关注就业、社会救助等重大民生问题，更是以企业家的精神谋划经济发展，想企业之所盼，急市场之所需，招商引资的热情一点不比国内低，而且还有很多可借鉴之处。本文受美国州政府促进经济发展政策及其实践的启发①，拟从地方政府的角度探讨创建一流营商环境的着力点。

一、美国部分州促进经济发展的政策特点

美国政府促进市场经济发展的实践由来已久。特别是进入 21 世纪以来，我们发现凡是创新能力强、经济发展后劲足的州，都在制

① 本文主要考察创新经济表现比较好的部分州，包括马萨诸塞州、加利福尼亚州、特拉华州、华盛顿州、弗吉尼亚州、马里兰州。

度政策方面具有比较优势。很多州政府设有商务部或经济发展办公室，专门负责促进本地区经济发展，为本地企业发展壮大和外来企业来本地发展提供各种政策优惠与指导服务。例如，2015 年 10 月成立的马里兰州商务部，是该州最重要的经济发展机构，旗下的商务顾问团负责牵头协调该州与经济事务相关的七个官方机构，涉及审批、监管和有关资源事项。主要有以下几个特点：

一是注重发展的中长期规划和法律保障。各州都很重视中长期发展的相关政策研究，从促进就业和经济繁荣的目标出发，在深入调研论证的基础上检讨已有政策，形成新的政策建议和立法议案，在州立法机构通过后上升为法律。我们不难发现各州促进经济发展的政府职能部门、重要平台和主要政策，在州普通法中通常都有明确表述。州政府促进经济发展的各项活动都以州法律为依据展开。用于支持经济发展的相关资金都有严格的预算安排，并有法定项目或基金保障，具体执行政策的有关机构需要定期披露相关进展情况。例如，加利福尼亚州通过法律形式，规定创新中心项目，项目运作的基础是州长商业和经济发展办公室与州内不同地区之间的合作性协议。每个创新中心，都代表地方政府机构、公共大学、研究机构、风险投资网络和经济发展组织之间一种独立的合作关系。

二是立足本地实际发展创新经济。创新经济表现比较好的州，既有共性也有个性。共性，是产业集群大都处于创新和技术的前沿，都有强大的本土高等教育支撑。例如，马萨诸塞州的主要产业是生物医药和医疗设备、软件和通信服务、先进材料、金融服务等，依托的高校有麻省理工、哈佛大学等；弗吉尼亚州的主要产业是信息技术、自动化、生命科学、太空科学、数据中心、总部经济等，依托的高校有弗吉尼亚大学、乔治·梅森大学等；马里兰州的主要产业包括航空和国防、能源和可持续经济、生物健康和生命科学、信息技术和网络安全及制造业等，依托的大学有霍普金斯大学、马里兰大学、巴尔的摩大学等。各州都注重在推动产业和教育的深入融合中，培养新一代劳动力，并共同建立代表未来方向的新兴学科。个性，是各州发展创新经济的基础和条件不同。弗吉尼亚、马里兰两州毗邻华盛顿特区，有众多联邦实验室、军事设施和很多行政资源可以凭借，联邦项目、人才资源的溢出效应比较大，弗吉尼亚还是因特网的诞生地和世界软件发展的主要中心之一。加利福尼亚和马萨诸塞拥有全球顶尖的综合性大学，而且这两个州的风险资本高度发达，集中美国约60%的风险资本，为新技术的市场化提供强大资金支撑。特拉华州的创新，更多地得益国际市场竞争和高强度的企业研发活动。

三是注重搭建以促进创新为核心的多方合作平台。州政府促进经济发展的重要任务之一是营造良好创新环境，主要方式是推动建立各种公私合作的平台，促进企业、高校、联邦实验室、地方政府、各类市场平台等合作共赢。美国注重政产学研合作的历史很长，特别看重促进技术市场化的公私合作体系的升级与革新。2009 年奥巴马政府提出制造业复兴计划后，很多州积极响应，建立制造业创新中心和类似平台。平台的搭建，不仅较好地克服了市场和技术的信息不对称，有利于新技术的商业化实践，更能在信息共享、思想碰撞中，促进新理念、新技术、新模式的产生。概言之，平台可以沟通思想、形成共识，发现问题、推动创新，是各州构建创新生态系统的关键环节。正因为关键，平台发展是各州政府关注的重点。例如，目前加州官方管理的创新中心有 15 个，每一个项目都有特定的合作地区、研究领域和产业集群，提供各种交流机会，多数还设有孵化器。弗吉尼亚成立联邦先进制造业中心（CCAM），是非营利性会员制的公司，会员包括一流大学、公司和其他研究机构。马里兰州 1998 年设立的 TEDCO，不仅是一个创业早期的融资机构，更是一个创新网络，在那里，创业者可以找到顾问、机构帮助、日常运营设施和走向成功的路线图。

四是注重各方面政策的统筹协调。州经济政策的关注，通常包括做强主要产业、扩大国际贸易、帮助小企业成长、培育新一代劳动力、提供融资渠道、支持地方经济发展合作者的工作等，涵盖企业成长和主要行业发展需要的所有关键环节。政策内容上兼顾当前利益和长远发展。例如，马萨诸塞州生命科学中心为培养下一代人才，坚持实施为期一年的实习挑战项目。这是一个针对小企业和初创企业的人力资本补助计划，通过在工程、生物、商业、化学、计算机、医药、健康等领域，为初创企业和学生之间牵线，一方面，使初创企业获得更多技术和专业上的指导；另一方面，让学生有更多机会接触创新环境，获得实际经验。目前，已有来自超过 280 个城市和县的学生和来自 120 多个城市和县的企业从这一项目中获益。当然，州与州之间主要产业、人才基础、资源禀赋不同，具体政策也会各有侧重。

五是注重运用政府基金、协商谈判等市场化的支持方式。各州通常都设有技术转移基金或产业发展基金，是政府激励政策发挥作用的重要推动力量。基金通过股权投资和补助等方式，带动社会资本，促进新技术的商业化实践，推动重点产业发展。例如，目前先进制造业机构，通常是借助国防部或农业部的种子基金，并联合非联邦性质的基金成立的。在国家制造业创新网络中，5 亿美元的联邦投入，已带动 10 亿美元的非联邦资金投入。马萨诸塞州 1978 年就设立州技术发展公司（Mass Ventures），解决初创企业的资本缺口问题，鼓励早期技术公司的发展。成立 38 年以来，公司为州联邦财务带来积极回报，带动了超过 10 亿美元的社会资本投入，所支持公司中已有 16 家公开上市。市场化的支持方式还体现在政府参与经济活动时的契约精神。特拉华战略基金，对于考虑在本州落户的企业，提供个性化金融援助，形式包括低息贷款、补助金或其他创造性的支持措施。具体援助条款由州经济发展办公室根据每个公司的需要和位置，与公司具体协商确定。

六是注重对小微企业和初创企业的政策支持。各州政策的起点通常都是从扶持小微企业和初创企业开始的。从各州政府网页主页的经济增长或繁荣一栏中，我们会发现，从企业注册地选择、正式成立，到雇用员工、员工培训，再到获得资金、技术，以至于后期发展壮大、进行国际贸易，州政府都有全套的服务保障，相关政府项目和基金都“严阵以待”。对妇女等群体的创业创新项目，政策保障力度更大。加利福尼亚州商业和经济发展办公室设立小企业支持部，通过推出“与商业经济发展办公室喝咖啡”项目，让小企业群体更好地发现现有资源和工具。马萨诸塞州 2010 年通过经济发展法案，在合并原来社区发展融资公司和经济稳定信托公司的基础上，设立州增长资本公司，其主要任务是在州层面集中为被援助公司提供营运资金、贷款担保、定向技术援助，促进小企业、妇女和少数民族企业增加或保持就业岗位，推动欠发达市区和中低收入社区的经济发展。

七是注重提供有针对性的个性化服务。各州官方机构特别是准官方机构工作人员对企业或项目的走访活动非常突出。通过走访，了解企业的需求，向企业宣传政府的政策，帮助协调解决企业成长过程中的各种具体问题。马萨诸塞经济发展联盟（Mass Econ），其首要目标是鼓励商业在州联邦的扩展和保留，提供地点搜索服务是其主要任务之一。各种会员圆桌会议，把会员、经济发展专家和产业职业经理人汇集在一起，分享主要部门的知识和专业。联盟已经帮助超过 1200 个公司在州范围内寻找最合适的落脚点。

二、建设一流营商环境要顺应经济发展趋势

从美国创新经济表现比较好的州来看，建设一流营商环境，必须适应经济转型升级的需要，充分考虑本地产业结构的变化趋势，确定政府努力的方向和重点，并形成稳定的政策预期。2016 年山东第三产业占地区生产总值的比重超过第二产业，实现了历史性转变，全省经济转型升级进入新阶段。需要着眼丁三次产业的凤凰涅槃，充分考虑产业升级的客观规律与国际经验，立足山东产业、教育、区域等各方面实际，发挥后发优势，加快营造有利于创新经济发展的政策环境和社会环境。

在制造业方面，国内制造业正在经历主要依靠要素投入为主向依靠创新驱动为主转变的爬坡过坎阶段，正处于由大到强转变的关键时期，同时，面临发展中国家低成本优势和发达国家高技术竞争的双重挤压。我们的转型升级，客观要求推进国际产能合作。但向外转移产能，既要吸取美国教训防止产业空心化，在“内线”站好国际产业链、价值链的有利位置，又要注重技术含量，推动制造业

到国外特别是发达国家的“外线”中发展壮大。无论内线还是外线，都要有国际视野，参与国际竞争，掌握国际市场的话语权，唯有如此，才能形成和持续保持核心竞争力。从发达国家的经验来看，政府推动制造业发展，应重点关注创新支撑。创新是一个系统工程、复杂链条，政府应当顺势而为，和产学研各方共同努力，推动形成一个有利于创新的生态系统。这就意味着，我们不能就创新而创新，甚至就技术创新而创新，要从产业技术需要、研发成果应用、国际竞争挑战等多角度，审批、融资、人才、教育等多方面，小企业、中企业、大企业等多环节，认真审视我们的创新现状，准确把握其中的短板，区分轻重缓急，做好中长期规划和政策设计。

山东是制造业大省，这是我们增强发展优势的重要潜力所在。目前来看，我们制造业的短板仍然是创新，具体表现在：（1）创新的市场驱动不足。很多企业，包括很多支撑地方税收的大型民营企业，由于市场利润尚可，还停留在产业链的低端，生产原材料的多。他们创新意愿之所以不足，是因为当下靠规模就可以维持客观的利润。（2）创新的综合成本较高。体现在审批、融资、用能、税费、平台利用等方面。尽管近年来我们大力简政放权，推进金融体制改革，多次出台降低企业成本的有关政策，但与苏浙粤比较还有不少差距。（3）协同创新不够。行业之间、企业之间，竞争大于合作，很多技术研发活动单打独斗，创新资源的分割较为明显，产业上、下游之间的大中小企业协同创新较为不足。（4）技术和市场的对接水平较低。一方面，高校、科研机构的不少科技发明藏于深闺、束之高阁；另一方面，很多企业的技术需求得不到满足。现有的产学研合作，多是松散的，深度合作的少。（5）高校和科研机构研发实力较弱。机构行政化，缺乏必要的激励机制，科研人员参与创新活动的积极性不高。而且产学研紧密结合的新型研发机构缺乏。

(6) 推动创新的政府管理部门多头。国家企业技术中心在发改，省级企业技术中心在经信，企业国家实验室和工程技术研究中心在科技，等等。管理多头，政策多元，政府的资金和服务难以聚焦，而且容易在某些领域不经意的交叉，造成资源浪费。这些都是优化营商环境需要持之以恒、久久为功的重要领域。

优化营商环境，更应当密切关注服务业的结构变化趋势。制造业的升级必然会带动服务业繁荣。2016 年，山东经济进入以服务业为主导的发展新阶段，根据产业升级的国际经验，服务业增加值在生产总值中的比重今后还会逐步提高。制造业和服务业犹如车与轮的关系，现在正处于前者瘦身、后者强身的关键时期，服务业越发达，制造业就越轻盈，经济肌体就越健康。为制造服务的现代服务业，如信息、营销、金融、会计、律师等，要有意识地推动发展。营商环境无处不在，既要重视餐饮、住宿、交通、旅游等生活服务业，也要在精细化、人性化上继续下功夫。我国国内市场庞大，山东发展服务业，既要立足服务山东，也要参考印度发展服务外包的成功经验，服务全国甚至全球，既要服务制造，也要服务新兴产业和日常生活，最终打造“山东服务”的靓丽名片。

此外，创建营商环境要适应本地区、本阶段发展实际，不能照搬国外和省外的“一流政策”。因为有些是学不来的，有些硬搬过来会水土不服。一流与否不在于“国际”“国内”，而在于政策对市场包括境内外市场的深刻把握和能带给市场正向预期的政策执行力。

三、强化指导服务，克服信息不对称

市场经济是信息经济，发展市场经济就要想办法解决信息不对称问题。从历史来看，在互联网时代到来之前，不对称主要是由于通信不畅造成的，主要表现为“信息缺失”。19 世纪欧洲罗斯柴尔德家族之所以不断发展壮大，首先得益于其比德法英各国政府都发达的信息系统。只要信息网络发达，就能获得更多更及时的信息，占有市场竞争的有利位置，形成先发优势。但在互联网时代，全球通信很是便捷，各种信息满天飞，信息失灵现象并没有消失，反而更加复杂，不对称问题主要表现为“干扰信息过多”“有用信息深藏”。目前，“信息缺失”“信息深藏”的问题，我们都不同程度的存在。

解决信息不对称，关键要靠市场和企业。但从实践来看，如果放任市场调节，信息配置的效率很不乐观。例如，有的企业之间互相封闭，出现不少信息壁垒；不同行业之间缺乏沟通，各自需求对接不上；信息爆炸增加获取有效信息的难度；市场开放使境内市场很容易受到境外力量操纵，虚假信息成灾；等等。信息问题在当今市场经济条件下的外部性和公益性日益凸显，政府在改善信息服务方面大有可为而且必须主动作为。我们的政府从计划经济转型，驾驭市场经济的实践经验丰富，对经济规律的把握和市场前景的洞察较为敏感和准确。特别是，政府协调各种企业、平台、金融等各类资源的能力仍然比较突出，具备较为全面的经济调控能力。这些优势都可以用在改善信息服务上。

政府解决信息不对称问题，最关键的是到位不越位。一方面，要增强推动力，改革统计相关体制，更加注重服务重心下沉，强调为企业和基层服务，在国家“规定动作”之外，可以多一些本土需要的“自选动作”，充分借助互联网、大数据，创新信息共享机制，及时准确向社会发布有关权威数据和信息。同时，根据经济发展趋势和产业升级需要，力所能及地创造各种机会和平台，引导企业、学界、中介机构等合作、交流、碰撞，发现并共享开放创新带来的新机会。另一方面，要克制冲动性，不能代替各类市场主体作出判断和选择，而只能为他们作出科学判断和选择开展全方面的指导服务。就服务对象而言，政府的指导服务要保持中立性，出于公心，不偏不向。就支持方式而言，政府要尽量采取市场化的方式，避免行政化的“指手画脚”。就服务内容而言，政府要重点解决好以下问题：(1) 当前发展和未来政策选择的关系；(2) 省内优势和境内外对标发展的关系；(3) 产业、教育、科研、社区等社会整体的大合作；(4) 政策设计和政策执行的关系；(5) 发达地区和落后地区的对接帮扶问题；(6) 产业发展和劳动力升级的问题。随着创新经济的发展，以知识为基础的大量常规性工作岗位大量增加，管理人员、专业人员和技术人员在经济中发挥越来越重要的作用。自20世纪90年以来，制造业从业人员的数量总体下降，但高技术人员的比例稳步上升。从美国全国来看，2001年至2011年私人部门就业仅增长0.2%，而经理人、专业人士和技术人员，包括科学家和工程师、健康专业人员、律师、教师、会计、银行家、顾问和工程技术人员，却增长了9.8%，相差了几乎42倍。在弗吉尼亚州，2010年至2015年制造业从业人数仅增长1.1%，而专业与商业服务业从业人数增长7.1%。不远的将来，国内、省内也会出现这种变化，要在教育、培训等方面做好必要准备。特别是要高度重视本土高等教育，不能再“一刀切”地搞“大而全”。关键是要有特色有强项，“学术之树”只有在不断回答实践问题中才能常青。要结合发展所需突出特色专业，强化应用导向，在产学研碰撞中进一步明确未来学科建设方向。目前，山东发展遇到的问题并不简单。如果本土高等教育能较好解决山东发展的主要难题，那就真离世界一流不远了，甚至可以说实现了世界一流。

建设透明高效的服务型政府是优化营商环境的关键举措，要通过强化信息服务倒逼政府职能转变。目前，我们已经公布实施行政权力清单、行政审批事项目录清单、政府部门责任清单，政务服务平台也已实现省市县三级互联互通，下一步还要对接全国政务平台。应当进一步强化互联网在政务活动中的应用，涉及经济活动的各种支持政策和包括平台在内的有关资源，可以在各级政府主页有集中体现，并通过交互式链接让创业者、各类企业能够很方便地获取具体内容。信息公开是检验政府服务效率的直接窗口。应当借助发展电子政务之机，打破传统部门职能分割，整合有关支持政策和资源，避免政出多门、各类政策“碎片化”。在此基础上细化政策标准，优化服务流程，最大限度地提高电子政务服务的便利性，可以让居民、企业像网上购物那样轻松享受有关政府服务。

四、确保机会公平，推进发展可持续

解决信息不对称，是为了市场的整体效率。而要实现发展的可持续，还必须重视市场公平，加大对初创企业、弱势劳动者的政策倾斜力度。从美国的情况来看，制造业领域中小企业数量居多，科技创新也主要依赖中小企业，各州招商引资对大企业、小企业一视同仁，而且对初创小企业都有官方项目和计划支持，而且这种政策支持还延伸到企业发展壮大的各个环节。重视小企业发展，既保持市场的竞争力，也促进行业分工，改善经济运行的整体效率。

山东是国有经济大省、制造业大省，非常显著的一个特点是大企业顶天立地。长期以来，各地招商引资的导向也都是大企业、大项目、大设备，习惯有大支撑，很大程度上一直在延续抓大放小的工作思路。近年来，我们推动民营经济发展和创业创新，小微企业发展得到了很大重视，各方面政策也日益完善，但小微企业特别是科技型小微企业发展力量依然薄弱，制约了我们的经济活力和产业结构。

回顾经济发展的历史，永远都是在朝分工细化和行业协作两个极向逐步递进的，就好像我们经常讲的民主集中制一样，一方面民主表达日益具体，行业分工日益细化；另一方面集中决策更加科学，行业协作更加高效。分工和协作是矛盾的两个方面，相辅相成，相得益彰。在互联网经济时代，经济的细分与整合更是大趋势，而且节奏比以往任何时候都要快。经济结构不再可能是静态的，动态平衡越来越重要。

维护这种动态平衡的关键是市场的新生力量。我们应当继续完善创新创业政策，同时，注意避免政策的“碎片化”，为小企业注册登记、雇用员工、职业培训、获得资金、技术发展等提供更加全面便捷的服务。同时，注重大企业对小企业的带动作用，支持大企业发挥平台优势协作省内外的中小企业，细化产业分工，优化产业链条和创新链条。大企业也要有意识专注未来核心竞争力和行业带动力，主动瘦身健体，自觉与中小企业开放合作。这方面，应该说山东的工业企业很有优势，关键是看开放发展的眼光和互联网武装的魄力如何，稍有不慎，就会被新产业、新技术、新业态、新模式领先，就会落伍。

新生力量发展最需要就是平台，包括各种实验平台、检测平台、中试平台、产业化平台等。随着创新经济的发展，这些平台的建设日益成为一种公共产品和服务。山东国字号的大平台不少，但开放度不高，带动效应不好。应着眼于产业升级和创新经济发展的长远需要，集中各种资源，重点建设几个战略性平台，如国家实验室、制造业创新中心等，数量不要多，但体制机制一定要活，能够实施开放创新的发展思路，汇聚各方面创新资源，形成创新攻坚合力。建设平台可以争取国家支持，但不能等靠要各种“帽子”，要立足产业发展实际需要完善功能、强化服务，注重平台对发展创新经济的实际贡献。

五、深化事业改革，保障服务全方位

行业规则、行业标准、职业操守，在规范市场行为方面发挥重要作用，是推动经济活动科学分工协作的重要保障。现实经济中的很多问题，如同质竞争、合同违约、质量安全、医患矛盾等，都可以在行业自律约束方面找到原因。也就是说，我们经济活动中政府与市场的“中间环节”出现了问题。市场经济越发展，个体诉求越多元，越需要懂行的行业组织去规范和约束，这一点政府是不能替代的。

在改革开放初期，为了补上“中间环节”短板，我们结合政府职能转变和机构改革，成立了不少官方的行业协会。长期以来，这些行业机构的行业自律作用较弱，官僚化、行政化特征明显，被冠以“红顶中介”，高额的收费和低劣的服务饱受社会各界诟病。近年来，我们推进事业单位分类改革，推进行业协会商会与行政机关脱钩，专业化、社会化发展。其中很重要的目的，就是要增强符合市场需求的行业自律服务，让行业协会商会真正为企业服务，为市场经济健康发展蓄能鼓劲，而不是掣肘捣乱。而目前来看，“革命尚未成功”，很多中介机构承接不力，还延续了官僚习气和作风，需要进一步规范和引导，加大市场培育力度。

改革后行业协会商会，总体上应当发挥好“上传下达”“左右逢源”“中立自律”的作用。“上传下达”，就是做好服务对象的情况调研，摸清大家的底数和需求，向政府反映共同诉求，争取政策支持，同时，能够及时全面地把已有政策向服务对象宣传。“左右逢源”，就是搞好行业之间的横向协作，为本行业发展壮大创造良好的外部环境和发展空间。“中立自律”，就是立足行业实际，制定行业规则，并引导服务对象自觉践行，在行业内形成职业认同和荣誉感，塑造起健康的行业信用。

当然，随着经济分工协作的发展，新产业、新业态不断涌现，行业自律组织的形态也在悄然发生变化。要适应经济结构的转型升级，加快培育新型经济组织和社会组织。比如，产学研紧密结合新型研发机构，我们一定要进一步打破传统观念和体制机制约束，结合山东科技实际，创造条件大力发展。

六、立足本地社区，建设命运共同体

发展不是目的，共建共享才是关键。建设一流营商环境，就要让企业融入当地社会，让当地居民支持企业发展。从美国的经验来看，这应该是一个良性循环。

首先，需提升地区文化影响力和吸引力。企业越发展，越需要文化支撑，市场越发达，越需要文化繁荣。文化体验可以激发灵感，闪现创意，点燃创新，是推动经济发展的绝对软实力。高大上的产业或企业，对文化氛围、文化内涵的重视程度远高于具体产品和服务。山东是中华文明的重要发祥地，诸子百家学说，历代先贤思想，革命历史文化，是我们解放和发展生产力、解放和增强社会活力的不竭动力源泉。创新一流营商环境的重要环节之一，就是利用好齐鲁文化资源丰富的优势，扩大文化感召力，增强企业归属感，收到“近者悦，远者来”之效果。文化意义上的归属感，要有层次感，突出本地化。每个城市、每个园区、每个招商引资的地区都要善于打文化牌，夯实产业发展的文化底蕴。

第二，推动产业和教育深度融合。我们现在讲产学研合作，习惯强调企业主体地位，强调科技成果转化，多是“技术”到“市场”的静态单向思维。随着我们经济转型和产学研合作的深化，我们会发现这种单向思维必须向“技术”到“市场”再到“技术”“创新”的双向思维、动态思维转变。例如，我们推进制造业升级，不仅需要先进技术武装，本身也孕育了发明新技术的各种可能，是推动创新的驱动力。所以，高级的产学研合作，不仅是简单的市场导向，而应该是整体的创新导向，这就对产业和教育的深度融合提出了新的更高要求。同时，产业升级最关键的还是人，既包括高层次的创新人才、管理人才，也包括各种技能人才、掌握一定技术的新生代劳动力。我们的产业升级后劲，很大程度上取决本地高等教育能否形成有效支撑。国际经验表明，人口流动性再强，最能依赖的力量还是本地劳动力，尤其是本地潜在的劳动力——学生。比起那些难请的“外来和尚”，这些群体的“本土感情”更值得信赖。一方面，要在学校开展各种形式的“技术远足”，推动新技术、新业态进课堂，包括高中课堂，培养学生对新兴产业和知识的认同和兴趣，从长远解决劳动力升级的问题。另一方面，要支持高校毕业生到新生企业见习实践，为企业提供技术帮助的同时也从实践经验中学习。为提高产业、教育的直接对接水平，可以引导和推动高校、企业、实验室等，采取灵活的形式集聚创新资源，共同建设特色学科。

第三，要完善以社区服务为核心的个性化服务。服务企业、招商引资，必须围绕相关从业人员的生活需要，推动社区服务、商务休闲、交通旅行等各项服务便利化、精细化、人性化。我们讲筑巢引凤，通常指基础设施等硬件，对在这些硬件里干事的创业人员的生活服务，也应同样关注，甚至需要更加重视。对每个可能落地的企业，我们不能一味地推销自己，而要换位思考，了解企业的真实需求和困难，提供有个性化的服务。其中，完善社区服务是非常重要的一环。比如，要了解未来入住的人员中有无外籍人士？有的话有无宗教信仰、子女教育、户外探险等需要？是否需要配套建设国际学校、医院和教堂？

第四，推动企业和社区联动发展。企业和住地的关系，类似鱼水关系、军民关系。一方面，吸引企业在我们这里发展，必须解决好老板和员工的吃饭、交通、住宿、娱乐、学习等问题，这对带动当地就业意义重大。另一方面，越来越多的企业经营稳健后，希望通过履行一些社会责任来体现企业的价值，增加品牌影响力。政府要有意识地引导两者互相支持、共同发展。要有大社区概念，通过各种团体活动拉近企业员工和社区群众的关系。例如，可以通过民营企业党建工作，推动企业积极回馈所在社区。总而言之，要打破企业员工和住地居民的隔离，引导企业和社区共建共享。

美国高等教育投入机制研究

山东省人民政府研究室　张宇飞

2016 年 9 月，笔者随团在美培训学习期间，与巴尔的摩大学、乔治梅森大学、华盛顿大学等多所大学教授交流讨论，并参访了普林斯顿大学、哥伦比亚大学等世界一流大学。美国先进的高等教育体系令人印象深刻。从 1636 年建立第一所大学——哈佛大学开始，经过 300 多年的发展，美国已成为世界上高等教育最发达的国家。目前，全美拥有各类高等院校（可授学位）4627 所，其中，公立大学 1621 所；在校生 2020 万名，其中，公立学校学生 1465 万名。每年世界各国近 100 万名留学生到美接受高等教育（2014—2015 学年，有 97.5 万名留学生到美）。[①] 规模如此庞大的高等教育体系背后，是雄厚且多元的投入机制。

一、美国高等教育经费结构

美国高等教育经费规模十分庞大。2014—2015 学年，公立大学（不含不授学位的机构）各类经费共计 3470 亿美元，非营利性私立大学各类经费 2005 亿美元，营利性私立大学各类经费 197 亿美元。

① 本报告有关统计数据，详见美国联邦教育部教育统计中心数据：https://nces.ed.gov.

由于学校性质不同，其经费来源渠道也有所不同。具体见下表：

2014—2015 学年经费来源比例①　　单位：%

经费来源	公立大学	非营利性私立大学	营利性私立大学
学杂费	21.17	35.13	90.03
联邦、州及地方政府拨款、资助及合同款项	43.6	13.05	4.59
各类私人捐赠、资助（含基金资助）	5.6	13.4	0.08
教育销售、服务收入及其他经营收入	27.57	34.35	3.58
其他收入	2.06	4.08	1.72

具体而言，美国高等教育经费主要来源于以下几个方面：

1. 政府投入。无论是公立大学还是私立大学，政府投入都是学校重要收入来源。特别是公立大学，政府投入占学校总收入的近一半（过去曾超过一半以上）。政府投入分为联邦政府、州政府和地方政府三个层面，其中，州政府承担主要投入责任。以公立大学为例，2014—2015 学年，联邦政府拨款、学生资助等经费占学校总收入的 14.59%，州政府占比为 22.19%，地方政府占 6.82%。2008 年金融危机爆发后，政府投入总量一度略有下降，联邦政府拨款和资助经费总额，从 2009—2010 学年的 305 亿美元，降至 2014—2015 学年的 291 亿美元。

19 世纪，联邦政府对高等教育的投入以州政府为中介，联邦政府通过赠予土地、提供资金、设立机构等方式，帮助州政府发展高等教育。1861 年通过的《莫雷尔法案》（Morrill Act）明确规定，联邦政府根据国会在 1860 年选出的州议员人数，按每名议员 3 万英亩土地的标准，向各州赠送相应面积的土地，每个州获赠土地最多不

① 美国联邦教育部教育统计中心对经费划分更为详细，为便于对三类大学进行对比分析，笔者对某些类目进行了适当整合。

超过 10 万英亩。州政府如果想出售获赠土地，必须建立至少一所主要学科与农业和机械专业相关的学院。在《莫雷尔法案》的“赠地运动”推动下，各州纷纷建立高等院校，据统计当时共建立 96 所高等院校，这些学校被称作“赠地学院”，其中，包括麻省理工学院、康奈尔大学及伊利诺伊大学、威斯康星大学、俄亥俄州立大学等著名大学。20 世纪后，联邦政府对高等教育的投入不再通过州政府，而是直接面向各大学或学生个人。

2. 学杂费收入。学费收入是美国大学重要收入来源，特别是私立大学，学费收入占总收入 1/3 强，营利性私立大学更是其收入最主要来源。2014—2015 学年，公立大学本科生年平均学费、食宿费为 1.6 万美元，非营利性私立大学平均 4.2 万美元，营利性私立大学平均 2.3 万美元。2005—2015 年，十年之内公立大学学杂费上涨 33%，非营利性私立大学上涨 26%，营利性私立大学上涨 18%。以笔者考察的普林斯顿大学为例，2016—2017 学年本科生平均学费为 45320 美元，较上一学年上涨 1870 美元。哥伦比亚大学 2016—2017 学年本科生平均学费为 55056 美元，较上一学年上涨 2056 美元。

3. 教育销售、服务及其他经营收入。美国大学创办和经营企业非常普遍。例如，麻省理工学院创办的公司仅在马萨诸塞州就超过400家。此外，利用学校自身知识与技术优势，与企业、政府部门合作研究，为其培训人才并提供咨询服务，也是美国高等院校经费来源的一个重要方面，如斯坦福大学胡佛研究所、哈佛大学肯尼迪政府学院的贝尔弗科学与国际事务中心是智库领域之翘楚，承担的各种咨询项目层出不穷。

4. 捐赠收入。美国大学有源远流长的接受社会各界捐赠的传统，来自企业界、基金会、校友、社会团体、慈善机构捐赠所得是美国大学经费的重要来源之一，最早的两所大学哈佛大学和耶鲁大学即是由教徒捐赠而建立起来的。捐赠包括现金、有价证券、不动产、图书资料等多种形式。为鼓励社会力量捐赠，政府制定专门税法，明确规定凡是向非营利性大学捐赠基金、款项、设备和不动产等的机构和个人都可享受一定比例所得税优惠。截至2014年底，美国各大学获得各类捐赠基金市场价值5350亿美元，比当年年初（4660亿美元）增长了15%。120所大学获捐资产总额3990亿美元，占全部的3/4。获捐最多的5所大学分别是哈佛大学（360亿美元）、德克萨斯大学（250亿美元）、耶鲁大学（240亿美元）、斯坦福大学（210亿美元）、普林斯顿大学（210亿美元）。

二、联邦政府高等教育投入机制

联邦政府对高等教育的投入主要用于资助科研项目和资助学生两个方面，包括直接向学生发放奖学金或贷款、通过第三方（如银行等）向学生发放担保性贷款、向教师发放奖励资金、与高校或州政府签订合同来资助学生、教师或高校等。在科研资助方面，美国大学获取联邦政府科研资助主要有两个渠道：一是联邦政府基于项目的竞争性科研经费；二是联邦政府基于国家科研平台的公共科研预算经费。联邦政府的竞争性科研经费来源非常集中，且流向也非常集中。从来源来看，联邦教育部、健康与人类服务部、国家科学基金会、国防部、能源部、航空航天局和农业部等部门对大学的科研资助经费占到科研经费的绝大部分。从流向来看，大量联邦政府科研经费集中在少数实力雄厚的研究型大学。国家科研平台的公共科研经费，主要是指通过委托高校运营管理的国家实验室间接资助大学的科研活动。国家实验室除了可以通过预算方式获得联邦财政拨款外，还可以通过承担其他政府部门的项目而获得科研经费，但联邦政府的预算拨款占据主要地位。近年来，联邦政府对高等教育的支持主要集中在学生资助方面，主要变革也集中在这一方面。因此，本报告重点介绍学生资助政策的发展变化。

奥巴马政府上任之初，由于经济衰退，不断上升的失业率降低了人们对上大学后获得一份稳定工作的预期。一直以来，高质量的高等教育不仅对个人，而且对整个国家，都是最为重要的一笔投资。[①] 但由于经济衰退的影响，部分接受高等教育的人并未获得预期中的高回报，特别是那些家庭较为困难的学生，由于经济原因无法完成整个学业。与此同时，各州缩减了高等教育预算，进一步加剧了学费上涨的趋势。全美大学平均学费从 2008 年的 18146 美元上涨到 2015 年的 21728 美元，上涨 19.7%。其中，公立大学从 2008 年的 12938 美元，上涨到 2015 年的 16188 美元，上涨 25.2%；私立大学从 2008 年的 33279 美元上涨到 2015 年的 37424 美元，上涨 12.6%。这给不少普通家庭带来沉重负担。奥巴马在一次演讲中曾提道："高等教育不应是奢侈品，或像掷骰子一样碰运气，它应是每一个美国家庭都能负担起的经济必需品"。因此，降低

① 调查数据显示，一个拥有学士学位的全职中产工人，如果从 25 岁开始工作算起，其一生的收入要比仅仅接受过高中教育的全职工人多 100 万美元。2015 年，前者收入要比后者高出近 70%。参见总统行政办公室提交的报告：The Economic Record of The Obama Administration：Investing in Higher Education。参见 https：//www.whitehouse.gov/。

高等教育成本，成为奥巴马政府上任伊始高等教育政策领域的优先选项和基础性工作，提供助学金和贷款成为联邦政府财政支持高等教育的主要形式。奥巴马政府在这方面加大了改革力度，投入总额和学生受惠面都有所增加。

1. 改革佩尔助学金（Pell Grant）。佩尔助学金是联邦政府大学生资助最大项目，于1972年由参议员克莱本·佩尔（Claiborne Pell）提议设立，其前身是根据1965年《高等教育法》设立的“教育机会基本助学金计划”。佩尔助学金资助对象为低收入家庭学生，无论公立还是私立大学。1993年，联邦政府颁布学生贷款改革法，将佩尔助学金资助对象限定为家庭年度可提供的学费少于2100美元的学生，佩尔助学金最高资助额为2300美元。随着经济发展和通货膨胀等原因，联邦政府多次修改助学金标准。奥巴马政府大幅提高助学金额度，从2007年最高额度4310美元提高到2010年的5550美元。2014—2015学年，佩尔助学金项目基金总额比2008—2009学年增加1200多万美元，涨幅达67%，平均每年为800万名大学生每人减少约3700美元费用。而且，奥巴马政府首次建立了与通货膨胀率相挂钩的调整机制，以保障学生获得的资助不因货币贬值而受损。据资料统计显示，2008—2015学年，在佩尔助学金的资助下，至少25万名学生获得接受高等教育的机会。特朗普政府上任后，进一步加大了佩尔助学金资助力度。最新发布的2018财年财政预算提出，联邦政府未来10年内将增加163亿美元，用于佩尔助学金项目。

2. 实施减税计划。1996年，克林顿政府提出减税方案，家庭年收入低于10万美元的高中毕业生，在大学第一年可以享受上限为1500美元的税收减免；如果大一每门课程成绩都在B以上，第二年仍然有资格享受这一待遇。2009年，联邦政府设立“美国机会税收抵扣”项目（American Opportunity Tax Credit），根据这一政策，低收入家庭学生每人每年最多可免除 2500 美元税额。在该项目实施前，大约只有 5% 的年收入低于 25000 美元的家庭，可以享受税收抵扣优惠。实施这一项目后，2013 年，这一比例已上升至 24%，几百万名低收入家庭的学生因此而受惠。2016 年，“美国机会税收抵扣”项目为近 1000 万个家庭平均减税 1800 美元。

3. 推行美国学院希望计划（America’s College Promise）。尽管政府助学金和减税计划帮助很多学生上得起大学，但仍然有不少人无法圆大学梦。为使所有学生上得起学，2015 年，奥巴马政府又推出一项计划——美国学院希望计划：低收入学生可以在社区学院免费接受两年高等教育。在美国，1300 多所社区学院为 40% 的大学生提供了高等教育。如果所有州都加入这一计划，预计将有 900 万名学生受益，每名学生每年将节省 3800 美元学费。免费社区学院计划不仅降低了高等教育的经费门槛，而且给社会释放十分明确的信号：高等教育成本并非高不可及。相对于四年制大学而言，社区学院学生家庭更为困难，据统计显示，超过一半的社区学院学生家庭收入低于联邦贫困线。所以，这一计划意义更为重要，它的实施有效提升了大学升学率，降低高中休学率。

4. 推行政府贷款制度。在积极降低高等教育费用的同时，联邦政府采取很多措施，确保学生可以选择贷款来完成高等教育。对于越来越多的美国人而言，贷款是其完成高等教育的重要途径。根据 1965 年《高等教育法》设立的“美国家庭教育贷款”项目（Federal Family Education Loan Program），曾是美国最大的高等教育贷款项目。该项目贷款由联邦政府作担保，银行或其他私人金融机构提供贷款，贷款学生如果不能偿还到期款项，联邦政府负责偿付。2010 年，奥巴马政府对这一项目进行改革，为减少中间费用，联邦政府而不是金融机构作为直接放贷方。2013 年，奥巴马签署法令，进一步降低了学生贷款利率，近1100万名学生得以受益。

随着贷款学生日益增多，联邦债务持续上涨，目前已高达1.3万亿美元。在此背景下，如何有效降低学生贷款负担更加突出。调查显示，大部分学生毕业后能找到一份回报率较高的工作，而贷款债务总体较为适中（2015年，95%的借款者负债不超过20000美元），因此，大部分贷款者能够如期归还贷款。但一些教育质量较低的大学的学生及没有修完学位的学生，面临较大偿付风险。金融危机爆发后，大量学生选择待在学校而不是走向社会就业，学生毕业率相对降低，贷款违约率持续上升。直到最近几年，随着经济形势好转，就业率提升，违约率才有所下降。为降低贷款违约率，联邦政府建立收入导向的还款规则，根据学生毕业后的收入灵活调整还款计划，使其还款方式更加灵活、债务负担更可控制。其中，最长还款期限延长至25年，如果25年内尚未还清贷款，剩余部分予以核销。这一政策大大降低了学生贷款负担和贷款违约风险。

三、州政府高等教育投入机制

与联邦政府不同，州政府承担高等教育的主要投入责任，其财政拨款主要用于本州公立大学事业费用；县、市等地方政府的投入责任主要面向当地社区学院等机构。2014—2015学年，全美大学经费中，联邦政府拨款仅占0.51%，州政府拨款占18.78%，地方政府拨款占3.24%；美国各州财政拨款总额为652亿美元，其中，加利福尼亚州财政拨款最多，为88.6亿美元。州政府高等教育财政拨款标准、方式、管理等一般需由州议会立法通过。为避免政府对大学内部事务的干预，绝大多数州都建立了以协调和管理为基本职能的中间组织（包括高等教育管理委员会、教育协调委员会等机构），各州财政拨款一般由这些专门组织来管理。

一般而言，财政拨款包括增量拨款、公式拨款、绩效拨款和合同拨款四种基本模式。[①]

增量拨款是在上一年度拨款基础上，根据新增部分确定拨款系数，如新增学生规模、学科专业、科研项目等，以此来确定财政拨款额度。增量拨款实际上是一种"基数 + 发展"拨款模式，核心在于确定新增量。20 世纪 80 年代后，由于拨款效益不高等原因，绝大部分州放弃了增量拨款模式。

公式拨款是在各州运用最广泛的一种拨款模式。政府部门或负责拨款的机构对学校办学成本进行分析后，确定一组能够反映学校成本的拨款公式，按照公式算得的拨款数额向学校拨款。简单来说，公式拨款就是通过对影响财政拨款的各因素赋予不同权重，进而建立一组拨款公式来确定拨款数额。公式按专业领域、项目、学校特征和大学类型等因素分配权重。20 世纪 80 年代以前，公式拨款主要以学生数量（生均成本）为基准。各州使用大体类似的公式进行预

① 参见王凌宇：《美国高等教育政府财政拨款体制研究》，东北师范大学 2007 年硕士学位论文；邵巍巍：《美国高等教育绩效拨款研究》，华东师范大学 2008 年硕士学位论文。

算，但拨款公式中权重因素各州有各自的特点，公式复杂程度也不一样。公式拨款模式较好体现了公平、透明、客观原则，可以通过参数调整来影响学校，使学校经费利用率得以提高。

增量拨款、公式拨款等传统拨款模式主要建立在高等教育成本、学生注册数等因素基础之上，考虑的是投入或者是资源因素。而绩效拨款是一种以产出为特征的拨款模式，它将教育的绩效结果与拨款数额相联系，绩效拨款的基础是对教育的效率和成果的绩效评价结果，即以一定时期内大学在绩效评价中所取得的绩效成绩为拨款主要依据。绩效评价结果好，获得的拨款就多，反之，就少。绩效拨款以绩效评价高低为依据进行拨款，有利于促进高等教育机构间的竞争与发展，并且这种拨款模式通过评价机制实现了对高等教育经费的有效控制，能够提高资金利用率和学校办学效益。自 20 世纪 90 年代以来，越来越多的州开始确立以绩效为基础的拨款模式。美国各州在进行绩效评价时确定的绩效指标各有不同，各个指标又分别带有不同的权重，并且这些指标也会随着时代的变迁而发生变化。但一般而言，绩效指标主要包括以下三个方面：第一，教学及学生指标，包括生师比、学生课程完成情况、学生成绩、学生获得学位的年限、学生就业率等；第二，科研指标，包括科研项目数量及完成率、科研经费额度、科研成果等；第三，财务及资源管理指标，包括行政人员比例、经费来源结构、校园生活质量、基础设施建设与利用等。

合同拨款是高校与政府之间签订拨款合同，在合同中规定双方的权利与义务，明确拨款的使用方式和范围。合同拨款最初主要应用于科研经费拨款，目的在于有效分配和利用有限的科研经费。合同拨款能促进大学间的学术竞争，有利于提高学校办学水平和科研水平，较好体现了大学学术与科研管理的自治与自主。

四、几点启示

高等教育发展离不开经费支持，无论是规模扩张还是质量提升，办学经费都是重要保障。但目前，无论是山东还是全国，高等教育经费来源比较单一，对高等教育改革发展的支撑保障能力还不足。以山东为例，2015 年，共拨付高等教育财政性经费 142.3 亿元，占高校总收入的比重为64.1%；全省高校自有收入 79.7 亿元，占总收入的比重为35.9%，社会捐赠、合作办学、教育经营等方面还远远不足。通过考察美国高等教育投入情况，有不少方面值得学习借鉴。

一是加大财政资金投入。与发达国家相比，我国高等教育财政投入无论总量还是占比，都有不小差距。以山东为例，2015 年，全省公共财政预算实现高等教育支出 141.4 亿元，仅占 GDP 的 0.22%、占财政收入的 2.6%。政府既是高等教育的兴办者也是受益者，加大高等教育投入责无旁贷。对山东而言，要调整优化财政支出结构，适当提高高等教育支出占比，进一步提高高校经费保障水平。建立完善生均拨款正常增长机制，逐步提高生均定额标准。坚持加大投入与加强管理、提高绩效相结合，全面加强和改进预算管理，强化高校财务会计制度建设，坚持勤俭节约办学，严格资金使用监管，确保资金使用规范、安全、有效。

二是改革预算拨款制度。目前，高校预算拨款体系主要包括基本支出和项目支出两部分。基本支出主要用于高校正常运转和完成日常工作任务，以生均定额拨款为主，还包括离退休补助经费等政策性经费。项目支出主要用于高校完成特定工作任务或事业发展目标，主要用于改善办学条件、教学科研、重点建设等项目。2015 年，财政部、教育部联合印发了《财政部教育部关于改革完善中央高校预算拨款制度的通知》，对改革完善中央高校预算拨款制度提出意见。在现行生均定额体系基础上，将逐步建立每所中央高校本科生均拨款总额2～3年内相对稳定机制，2～3年后根据招生规模、办学成本等重新核定，并根据财力状况等情况适时调整拨款标准。就山东而言，完善预算拨款制度主要方向是，构建生均定额、专项拨款、绩效奖补相结合的高校拨款制度，构建科学规范、公平公正、导向清晰、讲求绩效的预算拨款制度。在生均经费定额方面，充分发挥财政拨款的杠杆作用，根据学校的发展定位和专业基础，实行差别化拨款，对鼓励发展和限制发展的专业，逐步扩大上、下浮动比例，支持高校深化学科专业布局调整，合理定位、特色发展。在专项拨款方面，进一步优化省级高等教育专项资金设置，加大对“双一流”建设工程的支持力度。在绩效奖补方面，加大绩效评价力度，突出教学质量、学科专业水平、办学特色等因素，制定科学合理的绩效评价指标和考评机制，并依据评价结果分配奖补资金，逐步建立财政拨款与教学科研水平、人才培养质量、经费管理水平相挂钩的机制，强化资金分配使用绩效导向。

三是建立高等教育经费多元化筹措机制。美国对社会捐赠建立了一套完备的税收优惠制度，大多数高校都成立专门管理捐赠资金的组织机构，且以独立企业的形式运作，市场化和专业化程度很高。借鉴这一做法，要引导和鼓励社会各界捐赠高等教育事业，落实对个人和企业捐赠教育的税收优惠政策，进一步提高减免税比例。在高校成立基金会，专门负责募款、经营和管理。同时，推进高校学分制收费改革，完善成本分担机制，合理确定学费标准并动态调整，逐步形成科学规范、富有活力的高校收费机制。积极探索通过地方政府债券、争取国家政策性银行低息专项贷款等多种方式筹集经费，不断拓宽高校办学资金来源渠道。鼓励商业银行探索拓宽抵质押物范围，有针对性地创新金融产品，为高校发展提供融资支持。

四是提高学生资助支出比例。目前，我国在本专科教育阶段，建立了以国家奖助学金和国家助学贷款为主，校内奖助学金、勤工助学、困难补助、学费减免、“绿色通道”、学费补偿贷款代偿等为辅的资助政策体系。在研究生教育阶段，建立包括研究生国家奖学金、学业奖学金、国家助学金、国家助学贷款、“三助”（助教、助研、助管）岗位津贴、学费减免、特殊困难补助、“绿色通道”等在内的多元奖助政策体系。资助体系相对完备，但政策效应尚未充分显现。美国联邦政府支持高等教育的主要途径就是各种形式的学生资助项目。为此，可以调整高等教育财政支出结构，适当增加直接资助类的投入比例。特别是要拓宽资助资金的筹集渠道，政府提供各种政策支持和资金支持。学校要积极利用多方面校友资源，使资金实力雄厚的校友能够积极捐资助学，全面推进各项资助计划。加强勤工助学项目开发，在充分整合学校实习资源的基础上，将优先选择实习岗位的机会作为一种资助形式提供给家庭经济困难学生，提高其实践能力和对社会的适应能力。

五是通过立法明确高等教育投入机制。在美国，无论是联邦政府还是州政府，对高等教育的投入都有明确的法律规定，这为持续稳定的投入提供了法治保障。我国《高等教育法》尽管明确规定，国家建立以财政拨款为主、其他多种渠道筹措高等教育经费为辅的体制，使高等教育事业的发展同经济、社会发展的水平相适应。国务院和省、自治区、直辖市人民政府保证国家兴办的高等教育的经费逐步增长。但这一规定还较为笼统。各地在高等教育经费投入方面，主要依据政策而定，稳定性和约束性不强。应进一步完善相关法律法规规章，以法律形式将政府投入责任、标准、方式、调整机制等固定下来，以确保高等教育投入持续稳定增长。

漫谈美国的创新

山东省人民政府研究室　李　涛

美国是当今世界上头号经济强国，美国经济的发展成绩与其崇尚创新的国家理念是分不开的，可以说，创新是美国经济保持长盛不衰的活力源泉，鼓励创新是美国政府的一贯政策主张。近几十年来，在国际创新方面，美国一直处于世界领跑地位，尤其是最近几年，创新更加成为美国渡过周期性经济危机实现可持续发展的重要法宝。

一、高度重视国民教育

在义务教育方面，二战后美国实行12年的义务教育制，“K—12”（K代表幼儿园，12代表12年级，相当于我国的高三）义务教育制度在美国普及得非常彻底。全国所有的公立学校（从小学到高中）一律不收学杂费，甚至书本也是免费的。学校里免费供应早餐，午餐根据学生家庭收入条件高低来决定是否收费，每人1美元为上限，根据家庭不同的收入情况可以交0.75美元、0.5美元和0.25美元，甚至完全免费。即使是收费的暑期补习学校，中午也由政府提供免费午餐。

在高等教育方面，作为新兴的移民国家，美国自19世纪下半叶以来大力发展高等教育，特别是创办了一批研究型大学，开展研究生教育，同时，建立以研究型大学为主体的现代科学技术体系，使世界高等教育中心和科学技术中心相继从欧洲移向美国。这些一流乃至超一流研究型大学，长期以来通过充分发挥其科学技术研究、培养和吸引人才、服务社会、文化传承创新等功能，为维持美国强大的综合国力和世界领先的地位，同时，也为其所在区域城市的发展和繁荣起至关重要、不可替代的作用。这对于我们国家及世界各国都是有益的启示。

教育培养了人才，人才带来了创新。以著名的“硅谷”为例，号称全球创新中心，也是美国顶级研究型大学的聚集地。“硅谷”位于美国人口最大的州——加州的北部，硅谷地区有 300 多万人口，占加州人口约 1/10，但 GDP 占了加州整个州的 1/3，占美国全国的 5%。美国前十名的顶尖研究型大学里面，位于加州的至少有三所，在加州，进入世界前 100 名一流大学的有十所，超过 1/3 的美国院士和诺贝尔奖得主都在加州。在硅谷的核心地带和周边的旧金山湾区，有斯坦福大学、加州大学伯克利分校、加州大学旧金山分校、加州大学戴维斯分校及几十所加州各个层次的大学，南加州还有一批大学，这些给硅谷的兴起壮大、引领全球科技创新和高科技产业提供了根本性的原动力和支撑，包括科学技术、人才、智慧和创新思想。

二、重视发挥企业在科技创新中的主体地位

美国是市场经济发育完善的国家，企业为了占领国内国际市场，大都比较看重技术创新。美国也是最早向科技企业提供风险投资的国家之一，其风险投资额占世界总额一半以上，平均每年投入市场的创新资金超过百亿美元。而充分的市场竞争让企业必须走依靠技术和产品创新谋求市场占有的发展道路，企业由此成为美国技术创新的主体。《华尔街日报》曾公布的一项统计报告显示，即使在金融危机最为艰难的2008年第4季度，在除汽车和医药企业外的美国28家大企业中，其当季度收入虽较前一年同期下降了7.7%，但研发费用只微幅下降了0.7%。其中，微软、IBM、波音、杜邦、卡特彼勒等许多巨无霸企业研发开支还出现了明显增长。创新是一个企业的灵魂，对一些大企业来说，创新就意味着大量人力、物力和财力的投入，这没有太多的捷径。从美国人公司研发费用的强劲表现可以看出，金融危机既是一次严峻的挑战，也是各个产业可能重新洗牌的机会。一些美国大公司早已未雨绸缪，为经济复苏后的竞争打下了坚实的基础。

以美国著名的惠普公司为例，自1939年成立以来，之所以经久不衰，与其一贯倡导的鼓励大胆创新及较为完善的创新机制有密不可分的关系。1998年惠普将致力于仪器仪表设计领域的安捷伦拆分出去，2014年又将企业级电脑服务器和个人级电脑服务业务进行拆分，形成HP Packard Enterprise和HP。另外，惠普极为重视研发和创新，它以市场需求为导向加大研发投入，近年来，在光子技术、

纳米技术和存储技术等领域加强研发，为公司未来占据高科技领域龙头地位奠定坚实基础。据了解，惠普每年投入的研发经费约50亿美元，占主营业务收入的比重高达4%～5%；每年生产的产品中有2/3是新产品，专利拥有量达3万件。

三、注重对基础研究的资金投入

基础研究相对于应用研究而言，没有明确的应用目的，它是一切科学技术活动的基础阶段，从近代大国崛起的演进来看，发达国家的背后必然以强大的基础研究作为科技支撑。美国联邦政府非常重视对基础研究的资金投入，从基础研究经费来源看，近50年来，首先，联邦政府对基础研究的资助所占比例一直保持在60%左右；其次，企业是基础研究重要的资助力量，企业基础研究投入的比例保持在20%左右；最后，大学、非营利机构和非联邦机构对基础研究的资助在20%左右，特别是大学近年来对基础研究的投入有明显增长的趋势。

正是因为美国政府认识到基础研究的重要性，所以对前沿性、公益性的技术研发这类具有准公共产品特点的技术领域，政府毫不犹豫地投入大量的研发资金支持这类单个企业、科研机构或整个产业无法进行的探索性研究活动。美国这一做法，保证其始终处于创新的前沿阵地，成为诸多创新技术的领先者。比如，2011年美国提出新能源革命计划，美国财政预算随即划拨295亿美元予以支持，从而引爆了著名的“页岩气革命”，在页岩气技术上实现了新的突破，不仅占领页岩气技术的制高点，在一定程度上改变了全球能源格局，而且为其通过科技创新推动经济发展再次积累了成功经验。因此，在美国最新发布的创新战略中，对于关键领域的创新，都有巨额资金的扶持。

四、开放、多元、包容的创新文化

美国的成功，与其国家开放、多元、包容的创新文化是分不开的。美国自由女神像下面雕刻的诗句中有这样一句："送给我，把你们贫穷的人、疲惫的人，你们渴望呼吸自由空气的人，把那些无家可归、饱经风浪的人全都送给我！"这为美国文化的开放和多元作了最好的注脚。在美国，有来自世界各地的人口，不同的文化思想在这里碰撞、互动、融合，大家互相取长补短，彼此尊重，相互包容，形成了对创新极为有利的开放文化，这对美国的创新和社会进步具有深远的意义。我们国家有五千年的灿烂文明，文化底蕴深厚，影响深远，但任何先进的文化都必须在继承的基础上取其精华、去其糟粕才能得到长远的发展。长期以来，我们总是强调低调做人，谦虚谨慎，不去踊跃地表达自己。在当今激烈竞争的国际社会，如果不积极地宣传、推销自己就不会与人很好的沟通，没有沟通就没有了解，也就谈不上进一步的合作，更不用说在合作中创新、共赢，这对个人、对国家都是一样的道理。

美国创新文化的一大特点还表现在对失败的宽容上，允许创新、创业失败，包容创新创业失败者。美国各州的政府实行大力扶持创新创业但又不过多干预的政策，对从事创新的科研人员支持和包容，营造宽松的环境。还是以硅谷为例，那么多的个人和企业创新，各行业各层次的人去创办企业有很大一部分可能是不成功的，但只要是有一小部分最后坚持下来了，那他很可能就成为日后精英的代表。最典型的就是硅谷地区的金融风险投资，投十个公司或者个人创业者，最后要是有一个成功，那么他整个投资就成功了。所以允许绝大部分失败，容忍失败和宽容失败者，对一个国家一个民族的创新发展具有深远的意义。

五、三个美国《国家创新战略》

美国政府高度重视创新在国家战略层面的推动作用，从 2009 年开始，不断修正，出台了三个国家层面的《国家创新战略》，用以具体指导推进创新，下面简述其内容。

2008 年经济危机后，美国对过去以房地产和金融驱动的经济增长进行了深刻反思。奥巴马执政后，特别强调科技和创新是解决美国面临的诸多紧迫问题的关键。2009 年 9 月，美国总统行政办公室、国家经济委员会和白宫科技政策办公室联合发布《美国创新战略：推动可持续增长和高质量就业》，承诺要充分发挥创新潜力，推动新就业、新企业和新产业。主要由以下三个层面组成。第一层面是注重国家创新基础建设。重点包括将 GDP 的 3% 用于研发，以恢复美国在基础研究方面的领先地位，催生新兴产业；培养具备新世纪知识和技能的新一代人才；建设先进的基础设施；发展先进的信息技术生态系统。第二层面是完善鼓励有效创业的竞争市场，为创业和风险投资营造成熟的大环境，确保美国公司在全球创新领域的国际竞争力。第三层面是推动国家重点项目取得突破。重点包括推动清洁能源技术的应用，政府计划在智能电网、风能、太阳能和生物燃料等方面进行大规模投资，通过鼓励创新，促进经济增长，减少对石油的依赖；支持发展先进车辆技术，确立美国在这一领域的优势地位；推动健康信息技术领域取得突破，确保美国在这一新兴产业的优势地位。

2011 年 2 月，美国国家经济顾问委员会和科技政策办公室联合推出《美国创新战略：确保美国的经济增长与繁荣》。2011 年版创新战略宣布了五大创新行动计划，并把这些计划视为未来推动经济增长和提高竞争力的关键。一是发展无线网络，在未来 5 年内使美国高速无线网络接入率达 98%，作为推动无线技术革命迅速发展的必要手段，将在未来 10 年内大力拓展商业频谱的范围，并加速无线网络在医疗保健、教育、运输和其他领域的应用；二是提高专利审批效率，将美国商标专利局对专利的平均审批，时间从 35 个月缩短到 20 个月，减少专利申请大量积压现象，并提高专利质量，使最有价值的专利技术能在 12 个月内进入市场，从而使创新成果转化为市场竞争优势的时间周期进一步缩短；三是改善基础教育，使每一个高中毕业生都能为未来上大学和参加工作做好准备，支持教育技术研究，支持提升学习能力的计划，鼓励更多学生在科学、技术、工程和数学等科目上取得好成绩，并计划在未来 10 年内再培训 10 万名 STEM 教师，以提高师资水平；四是加速发展清洁能源，并为此提出三个具体目标，即增设 3 个创新研究中心，到 2015 年使美国道路上行驶的先进技术汽车数达百万，以及到 2035 年使美国清洁能源发电占全国发电总量的比例达 80%；五是启动美国伙伴关系（美国创业）计划，努力促使科研成果尽快走出实验室走向市场，努力促进和发展创业生态系统，帮助初创企业改善创业和发展环境，增加新公司成功的机会。从这些计划可以看出，奥巴马的创新战略与信息技术、制度改革、能源革命、中小企业是高度关联在一起的。

2015 年 10 月 21 日，美国国家经济委员与白宫科技政策办公室发布新版《美国创新战略》。新版《美国创新战略》明确突出了九大领域：先进制造；精准医疗；大脑计划；先进汽车；智慧城市；清洁能源和节能技术；教育技术；太空探索；计算机新领域。这份战略强调对研发部门和其他有助于长期经济发展部门投资的重要性；明确从先进汽车到精准医学的一系列战略核心领域；同时，提出要构建创新型政府、服务型政府，为私人部门和普通民众的创新创造更好的环境。

对美国现代农业发展和农业支持政策的宏观认识与思考

山东省人民政府研究室　朱宏锋

2016年9月5日至25日，有幸参加省政府研究室组织的赴美国“重点公共政策决策咨询研究培训”。经过21天紧张充实的学习培训，自己详细了解了美国政府制定公共政策的基本理论、体制、手段和措施，重点了解了其公共政策决策过程，尤其是制定政策过程中政策研究与决策部门、各得益相关方所发挥的作用及如何发挥作用以影响政府决策等内容。其间，听取了美国农业部海外农业司资深项目主管、美国安徽之友联谊会会长许纲博士的讲座，重点为大家介绍了美国农业项目管理程序。实地参访了美国农业部，农业部植物品种办公室负责人 Paul M. Zankowski 先生，为考察团介绍了美国农业农药肥料残留、种质资源保护和创新，并与该负责人就转基因作物、农产品补贴、耕地轮休、农业保险等方面政策进行了探讨和交流。结合自身业务工作和研究领域，重点加强了对美国农业支持政策方面的探讨和研究。现将有关情况报告如下：

一、美国农业发展的基本情况

（一）美国农业概况

美国国土总面积约为962.9万平方公里，其中，陆地总面积为

916 万平方公里，耕地面积约为 1.9 万公顷，占美国国土总面积的 20%左右。美国总人口达到 3.2 亿人，人均耕地面积达到 0.6 公顷，从事农业生产的人口约占人口总数的 2%。美国是发达国家中最大的农业国，是世界上最主要的农产品生产国和出口国，同时，拥有发展农业得天独厚的条件。从气候环境来看，美国所处的纬度适中，大部分地区属于温带大陆性气候，南部小部分地区属于亚热带气候。三面环海，来自太平洋、大西洋、墨西哥湾的水汽为美国带来了充沛的雨量，年平均降雨量达 760 毫米。从地形地势来看，海拔 500 米以下平原面积约占国土总面积的 55%，耕地面积约占世界耕地总面积的 10%，这是美国农业发展的重要基础。从农产品产量来看，谷物、棉花、畜产品等产量均居世界前列，其中，小麦产量约占世界总产量的 10%，大豆和玉米产量均约占世界总产量的 40%，牛肉、蛋、奶产量分别占世界总产量的 21%、12%和 18%。

（二）美国农业部组织架构和主要职能

在美国参加培训期间，到美国农业部（United States Department

of Agriculture，USDA）进行参访，听取有关负责人对美国农业部组织架构及主要职能的介绍。1862 年，成立了美国联邦政府农业司。1889 年，正式更名为美国农业部。美国联邦政府农业司成立伊始，就明确了农业的定位，即“农业是制造业和商业的基础”。随着美国工业的不断发展，农业产值在总产值中的比重逐渐下降，但仍然在世界范围内具有较强的竞争力。其中，作为农业政策制定、农业经济管理的重要机构——美国农业部发挥了重要的作用。从组织架构来看，主要包括部长、副部长、首席执行官、助理部长、内部各局助理等，涵盖美国农业部的 7 大类职能部门，以及其下设的 17 个机构和办公室等。根据中国农业科学院王禹等在《美国农业部（USDA）组织架构和职能概况》一文中得知：从机构职能来看，美国农业部可以将内设机构划分为 7 大类职能部门，主要是自然资源环境局、农场和外国农业服务局、农村发展局、食物营养消费者服务局、食物安全局、研究教育经济局、市场营销和监管规划局。在这 7 个局又下设各局、办公室、中心等职能机构。例如，农场和外国农业服务局下设农场服务局、外国农业服务局和风险管理局等。我们日常获取美国农业领域权威数据，主要信息来源就是国家农业统计服务局（NASS），其主要职责是准确客观及时地发布美国全国、各州的农业统计信息，预测农产品市场和价格，开展农业和农村社区服务等。该局每五年负责组织一次全国范围的农业普查，形成涵盖美国农业生产、供应、消费、设备、成本等各方面权威数据的报告年鉴等。

（三）美国农业最新数据

根据美国农业部国家农业统计局（NASS）发布的最新有关统计数据显示：2016 年，预测玉米种植面积达到 9410 万英亩，增长 7%；大豆种植面积达到 8370 万英亩，增长 1%；小麦种植面积达到 5080

万英亩，下降7%；棉花种植面积达到1000万英亩，增长17%。从今年的作物进展情况来看，截至2016年9月，美国18个冬小麦主产州（占美国2015年冬小麦播种面积的90%）的冬小麦的播种进度达到6%，比2015年同期和过去五年同期均降低1个百分点。实现农产品出口1397亿美元，年度出口额处于历史第三高位。2016年初，美国农业部在其官方网站发布一篇题为《通过合作、促进和承诺 构建更加强大的美国农村》，被认为是美国农业部门的年度工作总结性材料，其中，列举了2015年所推出的各项农业政策所取得的积极成效。从农业投入情况来看，2015年，美国农业生产投入总额约为3628亿美元，下降8.8%。耗资10亿美元应对高致病性禽流感，向家禽生产者提供2亿美元的资金支持帮助其恢复生产。从农业科技来看，美国农业部内部科研人员，以及在农业部资金支持的外部科研人员，全年累计获得农业专利授权93向，取得植物品种权保护和种质资源57项。从扶持农业生产者情况来看，快速推进针对农业生产者和农业企业的“增值生产商奖励计划”（VAPG），向2548位农民和2659家农业企业提供总价值达到4390万美元的奖励。从农业信贷保险支持情况来看，实施农业小额信贷计划，帮助6600位农民取得贷款支持。将176万农民纳入农业风险补偿（ARC）和价格损失补偿（PLC）计划。

二、美国农业支持政策的学习与借鉴

美国农业的快速稳步发展，与其推出的一系列农业支持政策息息相关。美国近年来所指定的农业支持政策，均是以农业法案（美国国会每五年制定一个农业法案，最近一个农业法案为2014年法案）为重要基础，以市场化运行为基础，以政府“托底”为保障，在农业领域理顺“市场的手”和“政府的手”之间的关系，最大限度地发挥农业支持政策的作用，在提高农业生产效率、稳定农业种植面积、增加农场生产者收入、保护农业生态环境等方面起到了积极的作用。

（一）农业产业集群

强化区域化聚集、紧密化联系、专业化分工和社会化协作。农业产业集群既是美国现代农业发展的显著特征，也是其农业发展到集约化阶段的必然要求。农业经济管理专家张楠楠在《美国农业产业集群发展浅析》一文中对农业产业集群给出定义“农业产业集群是在农业经济快速发展的过程中形成的，是指在一定范围内的农产品生产基地与同处相关的特定农业产业领域的企业或机构，由于功能互补之需而形成的相对集中的农业有机群体”。美国农业产业集群之所以发展水平和层次较高，既有得天独厚的自然条件，也有现代农业科技的强力支撑，更为重要的是，打造大豆带、玉米带、棉花带、花生带等农业特色产业带，构建联系紧密型的农业集群产业链

条。美国通过打造农业产业集群，最大限度地降低农业生产成本，推动区域间合作和要素聚集，助推形成农产品加工企业、家庭农场、

社会化服务组织之间的专业化分工模式。主要特点是（1）农业服务科技化。这是美国发展现代农业的最突出优势。从服务体系来看，从联邦到州、郡均设有完整的农业科研机构、农业科技服务推广机构。从服务领域来看，从农业生产到农业流通、农产品加工等各个领域均加强科技服务。从科技手段来看，美国90%以上的农场已经实现全程现代机械化操作，80%以上的农场引入“互联网+”理念。农户可以通过信息平台第一时间掌握农产品的出口动态信息，有计划地动态调整自己的种植和生产计划。（2）经营管理现代化。美国农业发展引入工业企业管理模式和经营理念，依托其专业细化的分工、高度集约的模式，积极推进现代企业经营管理模式。美国家庭农场所掌握的土地资源丰富，必须开展规模化经营、集群式发展，同比玉米、棉花等特色产业作物种植，经常是以千公顷为单位来计算。目前，美国大农场平均规模达到170公顷，数量占到全国农场总数量的90%以上，占到全部农业总资产的80%以上。这就要求采取高度机械化生产模式，与农机公司建立紧密联系，全面提升农业生产效率。

（二）农业政策体系

以保障国家粮食安全为核心，积极构筑严密农业安全网。通常来说，将美国联邦政府对农业各项支持政策及其所构成的政策体系成为“美国联邦农业安全网”（US Federal Farm Safety Net），主要由美国联邦农产品计划、农业风险管理计划、农业灾害救助计划三部分组成。其主要特点是，政策保障体系更加严密，采取适度的农业政策成本策略，着力提升农业政策的协调性。美国农业法案构建了农业政策的基本框架、运作机制和核心内容，农业政策主要通过各项农业法的条款内容得到确立（蔡海龙，2013）。从近30年美国农业政策的变化趋势来看，主要目的是要进一步减少财政在农业领域的支出，充分发挥农业市场机制作用，降低政府在农业发展中的干预程度。主要特征是（1）以法案的方式，促进市场机制充分发挥调节作用。从 1985 年美国出台的《粮食安全法案》开始，即采取减少冻结价差补贴、降低农产品贷款利率等手段，主要目的就是鼓励和引导种植者或者农场主密切关注农产品市场波动，确保农业生产与农业支持政策之间逐渐脱离。此后出台的一系列法案、政策等均体现出这个导向，例如，1990 年出台的《食物、农业、资源保护及贸易法案》，1996 年出台的《联邦农业提高与改革法案》，2002 年和 2014 年农业法案等。（2）农业政策支持手段以收入支持为主要形式。传统的农业政策及农业补贴，主要采取目标价格、贷款差额支付等政策方式。随着市场机制导向作用的充分发挥，逐渐采取直接收入支付和反周期支付等主要形式。例如，2002 年出台的《农业安全与农村投资法案》，2008 年出台的《食物、资源保护及能源法案》。其中，2014 年出台的《食物、农场及就业法案》引入价格损失保障（PLC）和农业收入风险保障（ARC）等新项目，主要目的是补偿农产品大幅降低所产生的损失。（3）农业政策支持环节向农产品消费和公共服务领域延伸。自进入 21 世纪以来，美国对粮食市场的调控手段由市场控制向需求调节转化（彭超，2014）。例如，美国各级政府以政府采购的方式，采购过剩的农产品，提供给公立学校中家庭困难学生，或者以发放食品券的形式提供给低收入家庭。采取上述方式，能够进一步调整农产品市场供需，稳定农产品价格。在农业和农村基础设施建设方面，以政府投资或政府资助的方式，加强中小型灌溉设施和梯田等农田水利建设。

（三）农业面源污染防控

基于技术拓展与管理创新的全方位生态补偿管理政策。农业面源污染是各国农业发展进程中广泛关注、亟待解决的问题。主要是指在农业生产过程中所投入的化肥、农药等，随着灌溉或者降水而形成地表径流，或者通过农田排水及地下渗透等方式，进入地下水源，进而造成水体污染的过程。美国防控农业面源污染的经验做法中具有典型意义的是在技术控制层面实施最佳管理实践（BMPs）。根据美国环境保护署（UEPA）对 BMPs 的定义为："任何能够减少或预防水资源污染的方法、措施或操作程序，包括工程、非工程措施的操作与维护程序"。通过技术控制主要分为三个方面（1）加强农业面源污染的源头控制。联邦政府及各州政府定期授权发布改良农业生产的最新技术，其中，很重要的方面就是规范化肥、农药的施用方式和施用量。指导农民在耕作时采取最优化的用肥、用药方案，此类方案均经过实践检验成功，投入产出比处于最合理区间。通过实例和数据证明，农作物产量与化肥、农药施用量并不是始终呈现出正相关的关系，因此，农民就不会花冤枉钱购买化肥、农药。（2）及时采取过程阻断技术手段。在农业污染源即将进入地表或者地下水体前，及时进行末端隔离，例如打造滨岸缓冲带阻断体系，建设污染水体沉淀池等措施。（3）实行最严格的日排放总量控制措施。严格区分农业点源污染和面源污染之间的界限，统筹考虑农业面源污染的总负荷分配等临界指标，严格控制各类污染水体超标。各州均规定其辖区内水质必须达到的标准，对于"超标"的水质，联邦政府将采取强制措施来确保水体质量的扭转，直至其水质符合强制性量化指标。

三、几点启示和建议

（一）优化农业区域布局，不断放大比较优势

山东发展农业具有得天独厚的自然条件，在粮食生产、农产品出口、农业机械化等方面在全国均位居前列，农业发展的基础坚实。

农业产业集群发展既是现代农业发展的方向，也是未来农业的题中之意。综合考虑山东的自然禀赋、经济发展水平、市场需求和农业发展现状等因素，建议以农业资源环境承载力为基准，实施扶优扶强的非均衡发展战略，构建优势区域布局和专业生产格局。半岛蓝色经济区：在稳定发展粮油、果菜茶等农产品的基础上，重点发展外向型农业、精准农业、庄园农业和农产品精深加工，示范引领全省现代农业建设。黄河三角洲地区：在稳定主要农产品生产的基础上，大力发展高效生态循环农业和节水农业，推广粮经饲三元种植模式，推动种植业、畜牧业协同发展。省会城市群经济圈：在稳定粮棉油菜果生产的基础上，拓展农业文化传承功能，积极发展休闲观光农业，增加种养加花色品种，提高农产品品质档次，丰富城市居民的“米袋子”和“菜篮子”，满足城市居民多样化、多层次的消费需求。西部经济隆起带：加强农业基础设施配套建设，形成以粮棉油、果菜菌、肉蛋奶为主的高产优质高效农产品生产加工基地。

（二）探索土地托管模式，实现适度规模经营

近年来，山东的规模经营即供销、邮政、农机、烟草等行业开展的土地托管，发展十分迅速，深受群众欢迎。山东已经逐步探索出以土地托管为切入点推进农村土地适度规模经营模式，进一步构建农业生产全程社会化服务体系，趟出了一条以土地托管促进适度规模经营推动农业现代化的新路子。建议充分考虑开展土地托管具有区域性、趋利性的特点，紧紧依托供销、邮政、农机、烟草等涉农部门，坚守“为农务农姓农”本色，全力推进土地托管为主要内容的农业生产全程服务。大力推进土地托管在农村地区的延伸，支持专业服务组织发展。充分发挥基层组织的重要作用，制定土地托管服务、流转和种植结构调整规划，加快推动农业机械的整合、农业新技术的应用，帮助专业合作社、家庭农场、种植大户争取扶持

政策。鼓励和引导村级组织积极参与组建专业合作社，以合作方身份参加土地托管服务合同的签订，建立土地托管服务档案，掌握土地托管服务的规模和发展趋势。建议科学设置融资专项补贴资金，适当补贴土地托管合作社贷款和担保费用，协调解决贷款难、保费赔付难等问题。

（三）构筑农业信息体系，助推农业科技进步

认真贯彻落实国家促进大数据发展行动纲要，全面加强农业农村经济大数据建设。充分发挥山东已经建立起来的2000多个示范性专业信息服务站点作用，完善相关数据采集共享功能，完善信息进村入户村级站的数据采集和信息发布功能。实施农产品生产、消费、库存、进出口、价格、成本等数据调查分析系统工程，构建综合信息服务平台。集公益服务、便民服务、电子商务和网络服务于一体，为农业农村农民生产生活提供综合、高效和便捷的信息服务。利用好物联网、云计算、卫星遥感等技术，建立符合山东实际的耕地、林地、水利设施、水资源、农业设施设备、新型经营主体、农业劳动力、金融资本等资源要素数据监测体系。积极构建农业资源要素数据共享平台，为各级政府、企业和农户提供农业资源数据查询服务。要鼓励各类市场主体充分发掘平台数据，开发测土配方施肥、统防统治和农业保险等服务。建议建立农产品生产的生态环境、生产资料、生产过程、市场流通、加工储藏、检验检测等数据共享机制，推进数据实现自动化采集、网络化传输、标准化处理和可视化运用。建议与农产品电子商务等交易平台互联共享，实现各环节信息可查询、来源可追溯、去向可跟踪、责任可追究。建议推进种子、农药、化肥等重要生产资料信息可追溯，为生产者、消费者、监管者提供农产品质量安全信息服务，促进农产品消费安全。

美国分级诊疗制度的政策设计与启示

山东省人民政府研究室　郭淑华

建立分级诊疗制度，构建合理就医秩序，对深化医药卫生体制改革至关重要。他山之石，可以攻玉。美国经过多年探索，形成社区首诊、双向转诊、运行高效的分级诊疗制度。2016 年 9 月，我在参加山东省政府研究室系统赴美“重点公共政策决策咨询研究”培训期间，对美国分级诊疗制度建设进行了重点关注和深入了解，感到美国在分级诊疗制度的设计理念、基本架构、实现路径等方面，为加快我国分级诊疗制度建设提供了有益参考和借鉴。

一、分级诊疗制度的“美国模式”

分级诊疗制度就是按照疾病的轻重缓急和治疗的难易程度进行分级，由不同级别的医疗机构承担不同疾病的诊治任务，并按病情变化情况进行及时便捷的双向转诊。在成熟的分级诊疗制度下，患者合理分流，就诊秩序良好，医患之间建立稳定的信任关系，医疗机构之间形成高效的协作关系。这是目前国际发达国家较为合理的一种就医模式。美国经过多年发展，形成独具特色的分级诊疗制度。

（一）家庭医生社区首诊

家庭医生首诊制被称为美国医疗卫生体系的“守门人”制度。

约占全部医生数量80%的家庭医生，为社区居民提供基本医疗、转诊预约、预防保健、健康管理等服务。每一位参保居民都拥有自己的家庭医生，如果不满意可随时更换。很多时候，家庭医生往往不止一个人。比如，一个女孩17岁之前的家庭医生是儿科家庭医生，18岁以后会变成妇科家庭医生，而看牙科要有牙科家庭医生，配眼镜要有配眼镜家庭医生，等等。当居民生病时，除急诊外是不能直接到医院就诊的，而是要预约家庭医生诊治。患者要按时到家庭医生诊所的独立诊室就诊，一般每位患者就诊时间在20分钟以上，家庭医生会详细询问患者的病情、病史、家族史、社会史等，根据病情出具诊疗方案，并判断是否需要转诊，如需转诊，则会帮助患者预约专科医生。家庭医生首诊制既能满足社区居民的基本医疗卫生需求，也保证了大型医院救治的都是急症危重患者。

（二）双向转诊顺畅便捷

美国转诊制度十分严格规范，为分级诊疗秩序的构建提供了坚实的制度保障。患者通过家庭医生进行首诊，一般常见病和慢性病都能得到妥善治疗，并且每年可享受1~2次健康体检；如果是疑难病情或重大疾病，家庭医生会在征得患者同意基础上出具转诊单，将其转给专科医生或大型医院，做进一步检查和诊疗。值得注意的是，转诊单上除了基本信息外，必须要有诊断信息，也就是家庭医生对患者病情要做出初步判断。患者转诊后，专科医生会与家庭医生保持密切联系，以及时全面了解患者信息，必要时还会交换诊疗意见。当患者病情稳定需要后期护理时，再将其转回家庭医生或社区医院接受康复治疗。以肿瘤患者为例，家庭医生将其转给专科医生，患者在专科医生的私人诊所接受包括影像检查、病理检查、病情会诊、基因分析、放疗及95%以上化疗在内的检查和诊治，当病情得到基本控制后，专科医生会将其转给家庭医生或社区医院。

（三）医疗机构分工协作

美国医疗机构分为基层社区卫生服务机构、二级医院、三级医院。基层社区卫生服务机构包括私人诊所、社区医院、护理医院等，主要为社区居民提供疾病首诊、公共卫生、健康咨询、康复治疗等服务。二级医院、三级医院主要收治急诊、危重病人及转诊病人。需要特别强调的是，三级医疗机构层次清晰，分工明确，但绝不是依靠行政级别划分的，而是依据其承担不同诊疗责任划分的，大医院主攻疑难危重疾病，小医院主攻常见病多发病，各医疗机构之间并没有等级差别。之所以没有等级差别主要源于美国医疗服务的规范化，同一疾病，无论是在社区医院还是在大型医院，检查、诊疗和用药都是一样的。同时也应注意到，不同医院之间的处理能力也是有区别的，主要体现在对急诊病情的处理和对疑难杂症的诊治方面。但当大型医院或医疗中心的新技术经过临床试验成熟后，会迅速进入社区医院使用，如心脏搭桥术、经皮导管主动脉换瓣术等，普通社区医院就能独立开展，成功率和大型医院无异。

二、分级诊疗制度的“美国经验”浅析

总体来看，美国分级诊疗制度是以家庭医生首诊为基础，以资源均衡配置为前提，以医保强势约束为引导的，整个制度框架建设主要得益于以下几个方面：

（一）均衡的医疗资源配置

这是分级诊疗制度建设的首要前提。美国医疗资源配置比较均衡：一方面，就医院而言，全美共有医院6000多家，其中，社区医院5000多家，约占80%，遍布居民生活区，可提供80%的床位；而大型医疗中心的分布也很均衡，平均160公里就有一家三级医疗中心，多为大学的附属医院，如哈佛、斯坦福、约翰·霍普金斯等大学的附属医院，如果是在人口稠密的东西海岸，大型医疗中心更为密集，多数情况下，患者在30～80公里内就能转诊到大型医疗中心。另外，大型医疗中心与社区医院通过两种模式建立医联体，一个是学术中心模式，也就是大型医疗中心全面整合社区医院的管理、科研、教学、临床和培训；另一个是社区合作模式，也就是大型医疗中心与社区医生投资成立新的营利性医院，将优质医疗资源引入社区。这两种模式都可以有效提升社区医生水平，方便患者转诊，实现多方共赢。另一方面，就医生而言，无论是在大城市的医疗中心，还是在小城镇的社区医院工作，工资收入、福利待遇、工作条件、生活环境等都没有显著差异，从而保证了医生这最为关键的医疗资源分布的均衡化。

（二）强势的医保主导作用

美国分级诊疗秩序是由保险机构主导的，其中，最为主要的医疗保险形式有HMO（Health Maintenance Organization）和PPO（Preferred Provider Organization)。其主导作用主要体现在：一是对患者的约束和引导。主要是通过投保费用、报销政策和报销比例的价格差来引导患者有序就医。HMO 规定保险人必须选择家庭医生并通过家庭医生转诊，就诊也必须在覆盖网络内进行。PPO 不强制保险人选择家庭医生，转诊也不必须通过家庭医生，可以到覆盖网络外就诊，尽管如此，绝大多数 PPO 投保人也都为自己选择了家庭医生并愿意由他们协助转诊。两种保险都将网络内的医生和医院分为核心网络资源、推荐网络资源、非推荐网络资源，核心网络资源费用最低，非推荐网络资源费用最高。如果患者通过家庭医生转诊到网络内医生基本免费，通过家庭医生转诊到网络外医生支付少部分费用，不经转诊预约网络内医生支付将近一半费用，不经转诊直接预约网络外医生支付绝大部分费用。两种保险都根据疾病诊断治疗分类标准(DRGs)明确了各类疾病的住院指征和时间周期，当患者恢复到一定阶段或达到一定住院天数，必须转回家庭医生或社区医院，否则超出费用要全额负担。总体而言，HMO 的保费低报销比例高，而 PPO 的保费高报销比例低。二是对医生和医疗机构的约束和规范。保险公司通过与医生和医疗机构签约，将其加入医疗覆盖网络。保险公司如果发现医生处方存在问题，可能拒绝支付该笔费用，如果发现患者复诊率过高，可能解除与医生或医疗机构的合作。

(三) 严苛的家庭医生培养制度

美国在家庭医生培养方面有周密而严格的制度安排。要想成为一名家庭医生，首先要完成 4 年本科教育获得学士学位并修满医学相关课程学分后，才有资格参加正规医学院的入学考试，其录取率通常在 10% 左右；在医学院学习 4 年医学专科后可获得医学博士学位；其次参加并通过医师执业考试后才能取得医师执业资格，之后还要接受至少 3 年全科性质的住院医师培训，培训完成后才能成为

一名家庭医生。而在这之后的管理、淘汰制度也是相当残酷的，如果被发现乱开处方将被吊销执业资格，而每 7 年还要重新参加考试，不合格者将被吊销执业资格。严苛的家庭医生培养和淘汰制度，有效保证了家庭医生的综合能力比较均衡，无论是在大型医疗中心，还是在小城镇工作的家庭医生，处理常见疾病的能力是没有差别的，家庭医生之间不存在等级之分。同时，家庭医生与专科医生之间也没有等级差别，他们之间是互相协作的关系，很多大型医疗中心，如梅奥诊所等都拥有自己的家庭医生组，专科医生在处理疑难复杂病情时往往需要家庭医生的协助。正是基于以上的制度安排，家庭医生能够得到居民的充分信任，这为分级诊疗秩序的建立提供了关键的人力资源保障。

（四）自由的医生执业模式

在美国医生是自由执业者。自由执业是最符合医疗行业特点的执业方式，拥有执业资格的医生拥有自主选择执业方式的权利，既可以选择独立或者合伙开办私人诊所，也可以选择成为医院雇员或与医院签约建立合作关系。当家庭医生取得执业医师资格，接受住院医师培训之后，一般会继续在医院工作若干年，等到医术、经验、威望得到患者认可后，大都会选择离开医院到社区开办私人诊所，或独立或合伙执业。但同时，他们与医院也会保持合作关系，有时还会同时签约多家医院，在医院和诊所之间多点执业。他们与医院之间没有人事、财务等隶属关系，只是基于自由契约精神基础之上的合作，他们会根据诊疗需要，向医院申请租用检查设备、手术室等。因此，在美国开办私人诊所的并不是资历尚浅、经验不足的医生，而多是技术精湛、经验丰富的医生，这也是家庭医生首诊得以实现、分级诊疗秩序得以形成的重要原因所在。据统计，全美90%以上的社区医疗机构都是私人诊所，每年约12亿人次的就诊量中有80%以上是发生在私人诊所的。

三、加快我国分级诊疗制度建设的启示与建议

国务院办公厅《关于推进分级诊疗制度建设的指导意见》明确了分级诊疗制度建设的目标和路径，但总体来讲，规范合理的就医秩序还远未形成，分级诊疗制度建设任重而道远。当然，分级诊疗制度建设也不是一蹴而就的。下一步，可以借鉴美国经验，遵循市场规律，突出问题导向，强化顶层设计，着力解决好以下几个问题，进一步加快符合我国国情的分级诊疗制度建设进程。

（一）让基层机构愿意接，接得好

分级诊疗制度的首要目标是基层首诊，但实际情况却是基层机构门可罗雀，三级医院人满为患。在2015年77亿人次的全国总诊疗量中，乡镇卫生院和社区卫生服务中心（站）占比不足23%，而医院占比达到40%。造成这种局面的原因很多，最根本的还是医疗资源的倒金字塔结构，全国80%的医疗资源集中在大城市，其中，30%又集中在大医院。推进分级诊疗，落实基层首诊，让基层机构

接得住，接得好，最关键的还是人才问题。一是加强全科医生培养。国际上一般每3000名居民配1名全科医生，而目前我国每万人全科医生仅为1.38名，缺口近27万。要进一步完善全科医师培养体系，可采取定向招录免费全科医生的方式，鼓励学生选择全科医生专业，接受系统的全科医生培养培训。要进一步规范全科医生的诊疗行为，对于常见病、多发病、慢性病等应按照临床路径提供医疗服务。要加快全科医生薪酬制度改革，让他们在基层工作有奔头、有盼头。二是完善家庭医生制度。鼓励居民在自愿基础上与家庭医生团队签约，接受基本医疗、公共卫生、健康管理、转诊预约、康复治疗等服务，并真正赋予居民自由选择权。探索医保按人头付费方式，让家庭医生产生控制医疗费用和提升服务质量的积极性和主动性，逐步形成竞争性的“健康守门人”制度。三是加大政策支持力度。在财政政策方面，建立差别化的经费补助机制，越往基层财政投入要越多，有效保障基层医疗卫生机构运转。在药品政策方面，允许基层医疗卫生机构根据诊疗需要配备一定比例的新药和特色专科用药，以满足转诊患者的康复用药需求。

（二）让三级医院愿意放，放得下

国际上普遍认为大型医院适宜的床位数在500~800张。比如，美国麻省总医院病床数不到1000张，梅奥诊所不到1500张。而反观我国，三级医院床位数大多超过3000张，而拥有“全球最大医院”之称的郑州大学第一附属医院的床位数更是达到10000张。如此罕见的规模，说到底还是源于三级医院强烈的扩张冲动，其结果就是形成了对医生、患者和医疗费用的虹吸效应，也必然缺乏转诊患者的积极性和主动性。如何才能让三级医院愿意放，放得下，还需要综合施策。一是建立紧密型医疗联合体。这对于遏制三级医院的扩张冲动，促使其产生下转患者的内在动力有重要作用。要鼓励三级医院与县级公立医院、基层医疗卫生机构开展多种形式的深入合作，构建起紧密型的医联体，支持医生定期到基层社区坐诊，实现优质医疗资源的下沉和共享。二是逐步压缩普通门诊数量。这是推动分级诊疗秩序建立的必由之路。目前，北京市已明确提出“大型医院诊疗将逐步大幅度压缩普通门诊。”应借鉴推广这一做法，逐步压缩三级医院普通门诊数量，最后过渡只接收急诊患者和基层转诊患者，真正回归其诊治疑难危重疾病的功能定位。同时，要严格执行急诊分级标准，避免急诊不急，沦为变相门诊。另外，要改革对三级医院门诊量的定额补助方式，可调整为与分级诊疗绩效挂钩的补助机制。三是赋予医生自由执业权利。与美国不同，我国医生并不是自由执业者，而绝大多数是拥有事业编制的“单位人”。这种管理模式并不是适应医生行业特点的最优选择，事实上阻碍了医生的合理流动。应当看到，赋予医生自由执业权利，可有效盘活现有优质医疗资源，提升基层医疗服务能力，也才能从根本上解决我国就医秩序混乱的现状。目前，国家卫生计生委已经印发了《推进和规范医师多点执业的若干意见》，这对于赋予医生自由执业权利迈出了坚实的一步。要进一步放宽限制条件，简化报备程序，积极稳妥地推动医师多点执业，特别是鼓励和支持大型医院医师到基层医疗卫生机构、社会办医疗机构多点执业，或者到社区开设诊室；并在此基础上，鼓励有条件的地方进行医生编制管理制度改革试点，真正赋予医生自由执业的权利。

（三）让参保患者愿意去，留得住

当前我国就诊秩序混乱的主要表现就是患者不分大病小病直接到三级医院就诊。据调查显示，39.1%的受访者首诊选择三甲医院，即便是糖尿病、高血压等慢性病的常规治疗，仍有38.7%的受访者将三甲医院作为首选。造成这种局面的根源在于患者对社区医院的信任度不高，有调查显示，68.3%的受访者并不信任社区医院，担心误诊。而有资料表明，7成患者根本不需要到三级医院就诊，常见病、多发病和慢性病在基层就能诊治。如何才能让患者信任社区医院，愿意在基层就诊，需要各方综合发力。一是逐步规范就诊转诊流程。在有条件的地区试点基层强制首诊，明确转诊流程，严格转诊标准，畅通不同级别医疗机构间的双向转诊渠道，逐步建立起首诊在基层，双向可转诊，康复回社区的就医新秩序。二是充分发挥医保导向作用。实施差别化医保报销政策，阶梯式设置起付标准和报销比例，使基层医疗卫生机构的常见病、多发病、慢性病等病种的报销比例明显高于二级医院、三级医院。在试点基层强制首诊的地区，对于按程序进行首诊、转诊的，适当提高报销比例，没有按照程序进行首诊、转诊的，大幅度降低报销比例，甚至不予报销，或者不予支付医疗机构结算的医疗费用。明确康复转诊标准，当患者符合条件时，必须转回基层机构接受康复治疗，否则医保不予报销超期费用。三是推动诊疗信息互联互通。建立区域性诊疗信息共享平台，实现预约挂号、双向转诊、远程会诊等信息互联互通。患者在基层首诊后，如需转诊，二级医院、三级医院的信息中心能够实时共享患者病例信息；患者在二级医院、三级医院诊治后，如需转回基层接受康复治疗，基层机构也能够共享患者的检查、化验、用药等信息。通过信息资源共享，进一步改善患者就医体验，引导患者逐渐改变不良就医习惯。

美国同等发展阶段的环保政策对我省有借鉴意义

山东省人民政府研究室　王　伟

当前我省环境污染治理对环境政策的需求巨大和迫切。借鉴国际上的先进经验是制定和完善环境政策成本低廉但富有成效的重要途径，对我们当前开展环境保护工作具有重要意义。从发达国家的经历来看，其在发展过程中经历过环境问题十分突出，后来采取改变发展方式和加强环境治理等措施，又回归到良好的环境状态。通过在美国的考察，感到美国的环境政策处于世界领先水平，实践证明比较有效，产生了良好的环境质量改善效果，值得借鉴学习。作为后起的国家和地区，学习借鉴美国的环境政策，不仅要研究美国现在的环保政策，更要研究其在同等发展阶段时的环保政策，吸取经验教训，尽量避免走弯路。

一、山东目前发展阶段大致对应于美国20世纪七八十年代

由于发展阶段和环境的变化，很难定量确定山东目前的发展阶段相当于美国的哪个阶段。单就同等的经济发展阶段而言，其划分可以参考人均 GDP 标准。同时，当对不同国家和地区进行比较时，人均 GDP 没有考虑实际价格水平。为真实反映不同国家和地区的经

济状况，可采用购买力平价（PPP）的人均GDP进行判定。

如按人均GDP计算，山东省2016年人均GDP为67706元，按年均汇率折算为10193美元，处于美国1977年人均GDP（9472美元）与1978年人均GDP（10587美元）之间。

如按人均GDP（PPP）计算，经测算，山东2016年人均GDP（PPP）为19494美元，处于美国1986年人均GDP（19115美元）与1987年人均GDP（20101美元）之间。

综上所述，可以大致认为：山东目前发展阶段与美国20世纪70年代末至80年代相当，有必要对美国20世纪七八十年代的环保政策进行研究与思考，进行学习与借鉴。

二、美国在20世纪七八十年代的环保政策

20世纪七八十年代，美国以《国家环境政策法》为依据，在1970年设立美国国家环境保护局专门机构的基础上，逐步制定并实施比较严格的环境保护政策，产生了良好的环境质量改善效果。

（一）历史背景

20世纪60年代末70年代初，美国环境保护运动发展到一个新的阶段。由于诸多环境污染的公共事件的发生，广大民众越来越注意到环境保护的重要性。人们认识到经济发展不再是唯一需要关心的问题，环境保护成为了需要投入更多精力的领域。一是环境科学理论研究的逐步深入激发了公众的环保意识。随着环境科学理论的建立与发展，70年代的环境保护运动以生态学为理论武器，各类研究机构与研究者在运动中发挥了理论武器的强大作用。美国社会及公众对环保的认同程度在各种科学理论的发展与宣传下有了极大的提高。在20世纪40年代至60年代，美国学界很多研究环境问题的学者，从各自不同的视角对美国社会当时存在的各种环境问题展开了广泛而深入研究，研究领域囊括了社会学、生态学、伦理学等多个学科。随着理论水平的提高，美国民众的环保意识也在不断增强。二是环境污染事件引发广大群众关注。自20世纪30年代以来，世界各地相继出现了严重的环境污染事件，在世界闻名的八大公害事件中，两起发生在美国。发展到60年代末期，层出不穷的环境污染事件迫使公众面对日益严峻的环境问题。最严重的 场事故是1969年1月，联合石油公司在加利福尼亚州圣巴巴拉海峡安装的钻井设施发生故障，造成石油泄漏影响周围500平方英里的海面，并对该州的几个海滩造成了巨大的破坏。这些事件引起人们的极大关注。到60年代末期，公众对资源日趋匮乏有所醒悟，对环境污染的极度忧虑使美国各界人士终于意识到现有的政策、法规远不足以应对国家环境危机，联邦政府必须要将环保政策提上议事日程。三是美国环境保护运动出现了一些与以往不同的特点。70年代美国的环境保护运动呈现出群众性的特点，是一次由社会各界所代表的广大民众自发组织并参与其中的运动，广大民众发挥了主力军作用。环境保护的范围不再仅仅局限于垦荒地与自然资源，广大民众更关心的，还是影响他们健康和生存的，如水、大气等必须生存条件。70 年代美国环境保护运动开始逐步实现法制化，立法、执法、诉讼等法律手段成为了环境保护者们的主要方式。大量涉及环境保护与经济建设之间矛盾的诉讼案出现在全国各地的法庭之上，利用司法工具达到环境保护的目的成为该运动越来越多的表现形式。

（二）“环保的十年”

1969 年以后美国发生了一场“环境革命”。迫于民众对于环境保护的聚焦，美国联邦政府不得不承担起环境保护的重任。经过整整十年的努力，到 20 世纪 70 年代末，已经基本上建成了一个较为完善的环保法律体系，在环境保护上取得了举世瞩目的成效。可以说，70 年代是美国历史上的“环保的十年”。一是制定实行《国家环境政策法》。1969 年，美国通过了《国家环保政策法案》，并由尼克松总统于 1970 年 1 月 1 日批准。这是美国历史上第一个全面地把环境保护作为国家基本政策的法律。该法案规定，对于联邦政府决定的一切重大经济建设项目，项目建设的有关部门都有义务制定并公开详细的《环境质量报告书》。任何一名公众，如果对《环境质量报告书》中的任何内容的适当性和合法性存在质疑，均可以向当地法院提起诉讼。根据这一法案联邦政府还专门成立了以环保问题向总统和国会提供相关咨询为主要职责的环境质量委员会。这项法案使环保组织与环保个人，在与利益集团斗争、实现环境保护的过程之中获得了强有力的法律武器，使他们可以对所质疑的《环境影响报告书》提出法律诉讼，从而实现有效阻止或阻碍政府、大公司可能会对环境造成不利影响的开发行为或项目的最终目的。二是制定一系列法案。美国在 70 年代相继制定了一系列新的环保法案，涉及内容有：空气和水的保护、杀虫剂的管制、濒危物种的保护、危险化学品的控制、海洋和大陆架的保护、公共土地的监管，具体有1972年的《联邦水污染控制法》《联邦灭虫剂、灭鼠剂法》《水生哺乳动物保护法》《噪声控制法》《海洋管理法》，1973年的《濒危物种法》，1974年的《安全饮用水法》，1976年的《有毒物质控制法》《资源保护和恢复法》《联邦土地和管理法》《国家森林法》等。这些法案的实施极大促进了美国环保工作的开展，带来了良好的效果。三是新建环境保护机构。美国以前，并没有专职环境机构，大气污染主要由卫生教育福利部负责，水污染主要由内务部负责，土壤污染染则由卫生教育福利部、农业部和内务部共同负责，具体则由州政府和地方政府对环境实行管理。1970年，建立美国国家环境保护局，直接对总统负责，享有直接向总统汇报的特权，统一行使以往分散在多个部门的环保职权，主要任务就是保护人类健康和自然环境。成立之初，环保局只有5000多名职工，经过多年的发展，其体量已扩充了近4倍，发展到目前的近2万人。

(三)“环保政策的停滞”

在美国环保政策的实施过程中，也暴露出较多的问题，引发激烈的社会讨论。随着美国经济的低迷，巨额财政赤字对继续维持庞大的管制机构、空前的环境管制范围也造成了巨大的压力。里根任总统后，大幅削减环保机构的预算和人员。成立管制消除委员会，在其运行的前两年半中，审核了数以千计的环境管制法规和行政命令，其中一部分遭到废止，其余大部分则以“重新审议”的名义退回环保局和其他机构，责令其进一步研究和修正。同前几任总统相比，里根在其任内所通过的环保政策和法律屈指可数。有美国环境史学家将里根任期称为“环保政策的停滞”阶段。尽管遇到了强大阻力，但总体来说，20世纪80年代以后美国的环保政策仍然继续坚持环境保护的大方向。1984年，美国国会通过了对1976年《资源保

护和恢复法》的修正案。新法案是当时美国诸多环保法中所采纳限制性措施最多的法案之一，共有 76 条是带有最后期限的条款。其中 8 条是“强制性条款”，一旦在环保局指定的期限内没有达标，条款将自动生效。1986 年，通过了《安全饮用水法》的修正案和《超级基金法》的修正案。1987 年，颁布了《能源保护法》的新修正案，制定通过《清洁水法》。

（四）美国 20 世纪七八十年代的环保政策取得了显著效果

在这一时期，主要污染物排放开始得到控制。一是空气质量得到显著改善。从 20 世纪 70 年代开始，美国的二氧化硫排放量与经济发展脱钩，开始呈现持续下降趋势。1974 年到 1977 年有害健康日减少了 15%，极有害健康日减少了 32%。美国的二氧化硫排放量峰值出现在 1973 年，达到 2881 万吨。70 年代末期，美国在全国范围内共设有多个大气监测站，根据监测站提供的相关数据表明，大城市上空的二氧化硫含量从 1964 年到 1979 年减少了 67%。1977 年，对全美国家大型燃煤和燃油电厂的检测中发现，约有 74% 的工厂达到二氧化硫的排放标准。到 1983 年，二氧化硫排放量为 2052 万吨，与1973年相比十年间减少了28%。二是氮氧化物和挥发性有机物的排放下降。美国在70年代末到80年代，二氧化硫的排放量已经开始下降。20世纪70年代后，NOx和VOCs的排放量呈显著下降的趋势。三是水污染得到了有效控制。水污染物排放70年代后期开始出现好转。据不完全统计，全美约条河流的水质都得到了非常显著的改善。例如，波托马克河，这条河流经首都华盛顿特区，在日常监测中，有曾经的记录结果显示出单位体积河水中的大肠杆菌菌落总数超过正常标准值近一万倍，在耗费近10亿美元的成本之后，波托马克河河水的水质甚至达到了饮用水水源地的标准。濒临美国著名工业区的北美五大湖，湖水也曾因严重的工业污染而无法饮用，经过严格的污染控制与环境治理，湖水水质得到了极大改善。1976—1989年，美国五大湖的总磷负荷呈总体下降趋势。伊利湖从1976年的11000吨/年下降到1989年的8568吨/年；密歇根湖从1979年的7659吨/年，下降到1988年的2907吨/年；苏必利尔湖从1979年的6619吨/年，下降到1987年的1949吨/年。

三、几点思考和建议

（一）完善规章制度体系

目前，我国、我省仍缺乏一些相关的环境政策，导致污染事件发生却没有相应的参考标准。以地下水为例，美国环境保护局于1979年6月和1980年5月颁布地下灌注控制项目的基本原则和目的声明，第一次讨论了灌注井的分类，调查了污染物进入地下饮用水源的主要途径，提出了开展监测和报告的纲领性要求，明确了制定地下灌注控制规章的技术原因；1980年，美国环境保护局颁布了《联邦地下灌注控制规章》，定义了5类灌注井并设定了州获得地下灌注控制项目主要执行权需要达到的最低标准，对地下灌注实施监管，最终达到保护地下饮用水源的目的。但迄今为止，我国、我省均未制定控制地下灌注行为的法律法规，也没有明确的部门对其实施监管。

（二）注重政策的可操作性

美国的环境政策都有详细的指南或技术导则。例如，为落实许可证要求，美国环境保护局制定了国家污染物排放削减系统指南，为企业许可证编写提供参考。而尽管中国新《环境保护法》规定“国家依照法律规定实行排污许可管理制度”，但目前仍然缺乏国家层面的《排污许可证条例》，也没有统一的排污许可证管理办法或核算技术指南。山东同样如此，尽管在《山东环境保护条例》中规定“污染物排放实行总量控制”“环境保护行政主管部门应当根据污染物排放总量控制计划，会同有关部门确定各排污单位的污染物排放总量的控制指标”，但仍缺乏全省层面明确的、可操作性强的法规政策。由此，工作缺乏统一规范和精细化技术指导，导致操作困难。应制定详细的实施指南，保障环保政策的落实。

（三）加快新旧动能转换促进产业转型升级

从20世纪60年代末到70年代末，美国出现了大规模高耗能高污染产业转移。根据美国学者的研究，20世纪60年代到80年代，美国污染型产品的出口比重由21%下降到14%；进口量开始增加。这说明美国很多耗费资源和排放污染的企业都逐渐转移到海外，同时，开始进口污染密集型的商品。山东应借鉴美国的经验，抓住“一带一路”“中国制造2025”等国家战略的机遇，加快推进新旧动能转换，逐步合理降低高污染高耗能产业在经济和产业结构中的比重，培育低污染低能耗的新型产业，改造和“绿化”传统制造业，全面推动实现产业升级和绿色转型，加快从制造大省转向制造强省。

（四）注重运用新技术提高环境保护能力

美国是较早将信息技术应用在环保上的国家。20 世纪 80 年代，纽约州在哈德森河的全程都安装了传感器，这些传感器把水的各种数据实时通过网络传递给后台的计算中心区，生成数据与历史数据进行比对。在这个系统中，可以实时监测河流的变化状况，从而保证在实际的治理效果应注重新技术的开发应用。应学习美国经验，将大数据等新型科技成果引入环境保护中，提高环境保护能力。环保大数据的应用可以及时提供和收集关于各项环境质量指标的信息，进行数据分析，实时监测环境治理效果，并指导下一步环境治理方案的制定，动态更新治理方案。可以借鉴美国的经验，首先在有条件的地方进行试点，由点到面分级推广。

“跨文化沟通与山东对外开放合作水平的提升”赴德国学习培训班工作报告

山东省人民政府研究室　于美山

经国家外专局批准，2016 年 8 月 30 日至 9 月 13 日，省外办组织省直有关部门、单位共 16 人参加的“跨文化沟通与山东对外开放合作水平的提升”专题培训班，赴德国进行学习培训。现将有关情况报告如下。

一、学习培训基本情况

1. 高度重视、精心组织。省外办对这期培训班高度重视，前期做了深入细致的准备工作，多次召集有关人员认真研究培训方案，科学统筹考察内容，精心组织活动方案，为培训工作的顺利开展打下良好基础。行前专题召开集中培训会议，邀请省外办和有关方面负责同志进行培训教育，针对赴德培训过程中需要注意的若干事项和可能遇到的各种情况进行“充电”，对学习培训期间的外事纪律、组织纪律、生活纪律提出明确要求。按照要求，培训班 16 位同志成立了临时党支部和班委会，全程加强学习培训的组织管理。省外办同志认真组织办理各项烦琐的外事手续，编制了详尽的学习手册，亲赴机场接送学员，在国内及时了解学习动态，为培训班的出国学习提供了坚实的组织保障、后勤保障，确保本期出国培训的高质量实施。

2. 内容丰富、针对性强。为取得良好的培训效果，省外办精心组织安排学习课程和考察内容，委托德国知名智库机构负责组织实施。培训采用集中授课、参观考察、座谈交流、内部研讨等多种形式相结合；不仅安排了德国著名高校教授进行理论讲解，还安排了政府官员、议会议员、行业组织、企业人士进行授课和交流，形式多样、视角多元，使学员对德国经济有了直观全面的了解。培训班先后学习了中德文化差异与中德合作、建立多元文化交流体系、跨文化理解与交流及其在国际合作中的运用、东西德统一后德国的外交政策、下萨克森州的外事工作、下萨克森州的国际合作及与山东的合作、全球化过程中外事工作面临的挑战、欧洲及德国的商务礼仪、欧洲多元联邦体制下的德国经济运行、德国中小企业对德国发展的重要性、德国的土地整理政策情况、巴伐利亚州职业教育体系、巴伐利亚州与中国的经贸关系、欧盟多文化框架下经济政策的制定、德国产业结构调整政策、营商环境建设情况、巴伐利亚州产业集群建设等近20个专题。学习期间，先后到下萨克森州政府办公厅、巴伐利亚州政府办公厅与其经济、劳动与交通部等方面负责人进行了座谈交流；实地考察汉诺威工商会、大众集团、宝马集团等知名企业和研究机构，与德国有关方面进行了深入探讨。

3. 严守纪律、树立形象。培训班全体学员充分认识到，在国外自己的一言一行都必须维护党员的形象、维护祖国的形象，大家严格要求自己，自觉努力学习，遵守组织纪律和外事纪律。学员们深刻认识到此次学习机会难得，自觉增强学习的责任感和主动性，培训中认真听讲，做好课堂笔记，学有所思，积极提问，主动交流，课堂气氛活跃。在考察拜访过程中，全体学员以良好的精神面貌、大方得体的着装、热情礼貌的行动，给外方官员和专家留下深刻印象。在德国期间，大家自觉严守纪律，相互帮助、相互关心，课下积极讨论，交流感想，表现出良好的团队合作精神和良好的作风素质，树立了党员干部的良好形象。

4. 成效明显、获益匪浅。通过在德国15天的所学、所看、所思、所得，学员们一致认为，此次赴德国培训时间虽然不长，但内容丰富，重点突出，形式灵活，开拓了视野，学到了经验，进一步认识了德国经济发展的现状和始终保持国际一流的原因，了解了德国在结构调整中的理念思路和举措，学到了德国在经济社会发展方面的成功做法，收获很大。同时，通过专题学习和考察，结合山东实际，也看到了差距和潜力。大家纷纷表示，回到工作岗位后要学以致用，把学习的成果转化为推动工作的思路举措和实际成效，努力做出新的业绩。

二、德国经济社会发展的经验做法

德国作为世界第四大经济体、欧洲发展的领头雁，在二战后确立“社会市场经济模式”，并作为基本国策纳入宪法，逐步走出具有自身特点和独特优势的发展路子。为此，我们在培训学习中对德国经济发展重点领域的政策设计及推进措施，进行认真研究。主要有以下方面。

1. 始终坚持制造业强国。德国是制造业强国，其精密机械、制药、工程设备、汽车制造、环保设备等闻名于世。但在19世纪80年代，德国产品曾经是“山寨”和“伪劣”的代名词。为彻底改变德国制造业的落后面貌、全面提升经济实力，德国政府采取了一系列政策措施，推动制造业转型升级。一是坚持把制造业作为经济发展支柱产业。强调制造业的中流砥柱作用，牢牢抓住制造业产品质量和技术水平的提高，将绝大部分研发投入用于制造业，持续出台支持制造业发展的政策措施。近年来，德国率先提出工业4.0战略，旨在利用通信技术和网络物理系统等手段，将制造业向智能化转型，争夺新一轮技术与产业革命的话语权。二是坚持把科技创新作为工业转型的动力源泉。持续的技术创新是德国制造业保持强盛的根源。德国有2700多家世界一流的企业，它们在市场中长期保持行业龙头地位的一个重要原因，就是普遍高度重视技术创新。比如，德国的汽车制造业每年研发投入约160亿欧元，电子产业达170亿欧元。持续不断的研发投入保证了德国制造业产品的更新换代，促进产业的转型升级，使德国制造在世界范围内始终保持领先。三是坚持“双高”目标提升制造业竞争力。以高使用价值和高技术含量为导向，培育弘扬工匠精神，品质上追求精致，管理上追求细节，技术上追求卓越，不断提升德国制造的国际竞争力。目前，德国每年大约制定1500个标准，几乎涉及制造业各个领域，其中，80%为欧洲和世界各国采用。如今，德国制造成为世人敬仰和信赖的品牌，在世界市场享有盛誉。

2. 着力推动产业集群发展。产业集群是某一产业领域或相关联企业及其支撑体系在一定地域内发展，并形成具有持续竞争力优势的经济群体。德国十分重视产业集群发展，实行了政府推动的产业集群发展政策，成为其经济政策设计中的一个亮点。联邦政府从1995年开始，在国家层面连续策动了三次大的产业集群发展行动，即生物区计划、创新地区计划和GA网络计划，合理确立不同产业的区域布局，统筹产业带，集聚产品要素，吸引更多投资，带动上下游产业发展，形成产业集群的品牌效应，使实体经济始终保持发展活力。这次学习考察的巴伐利亚州，是产业集群发展的成功代表。2006年2月，巴州政府决定在“巴伐利亚创新联盟”框架下实施产业集群政策，提出三大发展目标：一是加强企业、高校和研究机构合作，加快科研成果转化，提高创新活力；二是建立专业供应商网络，加快同一产业链企业间的合作，降低生产成本，提高生产效率；三是通过资源网络化，增强整体号召力。巴州政府当年出资5000万欧元扶持三大领域19个产业集群发展，高新技术产业方面，包括生物工程、航空航天、通信技术、环保和医疗技术等集群；生产型产业方面，包括汽车、化工、电子原件、能源技术、物流等集群；综合技术方面，包括纳米技术、微电子与自动化、新材料等集群。通过实施产业集群政策，巴州在汽车、机械、通信、生物技术、航空航天、新材料等重点产业形成竞争优势，一跃成为德国最具经济活力的工业强州。

3. 努力实现区域均衡发展。德国是世界上公认的区域协调发展做得较好的国家之一，其区域政策很有特色。德国政府坚持国民收入地区均衡分配、区域协调发展及区域经济结构不断改善“三大均衡目标”，促进东部与西部的差距缩小、老工业区转型、农村及边远地区协调发展。在这方面，我们在下萨克森州、巴伐利亚州学习交流中，都有切身体会。其主要做法是：（1）建立区域分类补贴指标体系。德国政府根据各地的平均失业率、社会保险人员的年度工资、未来几年就业预测和基础设施建设四项指标，把全国划分为270个就业区，排名靠后的列为补贴地区，重点向新设立的工商业项目和经济类基础设施提供补贴，对非投资类措施提供资助。（2）推动原东德地区发展。从1990年起，实施为期5年的“紧急救援计划”，以财政和金融的方式筹集专项基金，用于改善东部地区基础设施及经济结构；自1995年起，实施《团结公约》，联邦政府向东部地区提供大约2560亿欧元的财政资助，帮助东部地区快速提升生产力水平。（3）完善财政转移支付。通过联邦政府对各州的转移支付、州与州之间的转移支付、联邦补充拨款等形式，建立了完备的转移支付制度，促进共同发展。（4）促进大中城市和小城镇均衡发展。德国的产业政策以中小城市和小城镇为重点，城镇基础设施完善，形成了城乡统筹、分布合理、均衡发展的产业格局。

4. 积极发展外向型经济。德国是世界贸易大国、强国，同世界上 230 多个国家和地区保持贸易关系。从联邦德国成立之初，政府就奉行出口立国政策。正是得益于出口对国民经济的拉动，德国实现了经济腾飞和人民生活水平显著提高。2003—2008 年，德国连续 6 年成为世界最大出口国，现为世界第三大贸易国。目前，德国 1/2 的就业岗位与出口有关，外贸收入占德国企业收入约 1/3。在工作机构方面，德国政府积极推动在世界范围内建立为本国企业提供广泛服务的海外商会网，形成由驻外使领馆经济商务参赞处、海外商会、外贸信息局为一体的外贸促进三大机构。驻外使领馆经济商务参赞处负责了解驻在国经济贸易情况，为有意与驻在国开展经贸业务的德国企业提供信息咨询服务；海外商会为德国企业从事国外业务提供产品咨询、市场和经济分析、商务咨询、项目咨询、法律咨询等；外贸信息局负责为企业进入海外市场提供实际操作建议和市场分析等信息，为德国企业创造对外贸易的机会。及时调整经济政策。在开放政策方面，德国对内营造开放和自由的经济政策和贸易政策，对外实行更加灵活务实的政策措施，积极引导企业充分利用国内国际两个市场、两种资源，不断巩固其在世界经济和国际贸易中的地位。在国家贸易体系推动下，德国企业纷纷投身国际市场，汽车、机械产品、化学品、通信技术、供配电设备和医学及化学设备在世界市场占据重要位置。

5. 大力扶持中小企业。德国经济真正的活力，不仅在于宝马、奔驰、西门子等大型跨国公司，更重要的是拥有一批创新能力强的中小企业。德国政府将中小企业视为“市场经济的心脏、增长与就业的发动机”，联邦政府、各州政府均下设专门负责中小企业的促进机构。目前，德国约有中小企业 370 万家，中小企业雇员 2000 万人，占就业总人数的 78%，所创造的增加值占 GOP 75%，税收额占 70%。在学习中，我们总结德国在支持中小企业发展方面的经验主要有三条。一是营造公平竞争的市场环境体系。为保护扶持中小企业发展，专门出台“限大促小”政策。“限大”，就是严格监督大企业采取不正当手段打击限制中小企业；“促小”，就是通过立法、政策优惠及建立社会化服务体系，为中小企业提供全方位的支持。二是建立多层次金融扶持体系。德国《复兴银行信贷法》明确规定对中小企业发展的融资支持，政府通过各类金融机构向中小企业提供融资渠道和资金扶持。据统计，在德国支持中小企业发展的全部资金中，政府财政预算资金占到 70% 以上。同时，德国政府成立了一批覆盖全国的信用保证协会，为中小企业进行担保；设立风险投资机构和引导基金，支持社会资本参与企业创新创业；对中小企业上市融资实行最低标准。三是完善支持中小企业发展的公共服务体系。制定中小企业研究与技术政策总方案，设立专项科技开发基金，提高直销业的科研技术开发能力；出台技术对口访问和信息计划，向中小企业提高最新的研究成果和动态，帮助其进行技术转让和引进；支持中小企业在国外设立办事处，实行减税计划等，支持中小企业发展。

6. 积极开展职业教育。众所周知，二战后德国经济迅速腾飞的秘密武器，就是其独具特色的双元制职业教育。即使在国际金融危机影响下全球经济不景气的今天，德国经济依然保持活力，一个重要原因就是依靠这一教育体系，培养了大量高素质技术工人。这一制度由国家立法，实行政府引导、企业为主、校企合作的办学模式，既强调理论学习，又注重实践技能培养。“双元”的“一元”是学校，受教育者在这里以学生身份学习专业理论知识；“一元”是企业等校外实训场所，受教育者在这里以学徒身份接受职业技能培训。职业教育的经费由国家、州政府、企业三方共同分担。德国的职业教育体系，在西方发达国家教育制度中独树一帜，不仅提高全民的劳动素质，也提高生产效率和产品的国际竞争力，同时，将优秀传统文化传承下来，成为德国国家竞争力的重要支撑。以手工业为例，德国《手工业法》设置了7大类、94个手工行业。巴伐利亚州政府每年从财政预算中拿出2700万欧元扶持手工业培训，通过手工业协会等中介组织为手工业者提供服务，按照州政府制定的统一的职业培训标准，对完成普通中学的青少年学徒进行职业培训。目前，巴州手工业培训中心已有50个，培训点遍布全州各地，方便学员就地培训。

三、几点思考和建议

山东作为我国的一个经济大省，在人口规模、产业结构、区域发展等方面，与德国巴伐利亚州、下萨克森州等有许多相似之处、可比之处、可借鉴之处。在分析德国一些政策研究、政策设计特点的同时，我们结合山东实际进行了研究思考，提出如下建议。

1. 以结好30周年为契机深化与巴伐利亚州的合作。巴伐利亚州是与我省结好最早、实力最强、合作最密切的友好省州之一，早在1987年就与我省建立起友好省州关系，其后一直保持密切的人员交流和经贸往来，双方在各领域都具有良好的合作基础。建议积极发挥我省与德国方面交流合作的传统优势，将巴伐利亚州作为我省融入“一带一路”国家战略、实施更高层次对外开放的重要支点，特别是在汽车及零部件、信息、软件等重点领域和产业，进一步深化交流合作，主动承接巴州产业转移，打造我省发展的新优势。

2. 以创新驱动为引领推动产业转型升级。德国的成功经验充分说明，创新是发展的动力之源，任何时候企业的发展、产业的升级都离不开创新。当前，世界范围内新一轮科技革命和产业变革方兴未艾，我国经济进入新常态，我省处在由大到强战略性转变的关键时期。面对当前激烈的竞争和严峻的挑战，必须把技术创新作为生存和发展的基石，深入实施创新驱动发展战略，依靠创新提高全要素生产率，依靠科技进步和创新推动山东经济社会持续健康发展。建议主动对接德国创新技术平台，支持我省各类企业技术中心、工程中心、重点实验室、工业设计中心等平台建设，扶持发展行业性和区域性技术创新公共服务平台，突破一批关键共性技术，带动形成新的产业增长点。

3. 以推进贸易便利化为抓手建立新型对外贸易促进体系。多年来，德国对外贸易一直起经济发动机的作用，其增长速度明显高于国民经济的总体增速，1/5 的就业人口依赖于出口经济。我省是沿海开放省份，对外开放是山东经济保持平稳健康发展的重要支撑。当前，在国际贸易保护主义回潮的背景下，必须借鉴德国的做法，建立符合我省实际的贸易促进体系，为我省企业参与国际贸易创造条件。建议加大财政对贸易发展的支持力度，明确政府部门、中介机构在贸易促进中的定位和分工，建立完备的公共信息服务体系，同时加强海关、税务、外汇管理、银行和保险等部门的协调，提高贸易便利化程度，加快构建新型出口贸易促进体系。

4. 以打造良好营商环境为支撑促进中小企业发展。近年来，我省高度重视中小企业发展，在简化登记注册、税费减免、改善融资等方面给予扶持政策，有力促进了中小企业发展。但对比德国有关省州，我们在支持中小企业发展的政策、资金、人才等各方面都存在差距。这次赴德国培训，使我们对发展中小企业有了新的理解和认识。建议以打造一流营商环境为抓手进一步加大扶持力度，实施中小企业创新产业计划，切实维护中小企业市场平等竞争地位，健全政府引导、市场配置、利益共享、良性运行的中小企业融资社会化服务体系，努力促进我省中小企业蓬勃发展。

5. 以加快发展职业教育为突破建设劳动力富集地带。劳动力质量是决定山东经济转型升级的关键因素。近年来，我省把现代职业教育作为重要改革突破，制定系列相关措施，积极培养高素质劳动者和技能型、应用型、复合型人才，取得显著成效。建议借鉴德国双元制职业教育的经验做法，进一步加大我省职业教育办学体制改革力度，完善政府主导、企业主体、行业指导的职业教育体制，支持行业、企业与院校组建职业教育集团、专业教学联盟，实现职业教育与产业发展紧密融合。同时，加强与德国职业教育的合作，推进高技能人才培养国际化。

赴韩研修报告

山东省人民政府研究室　张　克

根据省外办安排和研究室领导要求，我于2016年6月27日至7月1日在韩国首尔市参加了“中国地方政府公务员文化旅游政策研修班”的学习。现将有关情况报告如下。

一、研修班基本情况

“中国地方政府公务员政策研修班”是由首尔市人才开发院主办，邀请部分中国省市政府公务员参加的培训活动，现已举办四期。每期围绕一个主题，以首尔市官员或专家的讲座、参与者发言及现场考察的形式，交流相关政策信息。这次研修班以文化旅游政策为主题，来自北京、上海、广东、江苏、山东等省市14名学员参加了培训。在韩期间，我和其他学员一道，严格执行外事规定，珍惜学习机会，自觉服从管理，严格遵守培训和外事纪律，认真听讲，用心思考，积极开展问题交流，团结互助，共同提高，圆满完成了各项研修任务。

整个培训活动时间短、任务重，但组织科学严密、安排合理有序，取得了积极成效。在培训内容上，主题鲜明、重点突出。主要围绕首尔市文化和旅游两方面政策的制定、执行、效果等方面展开，

包括首尔市旅游体育局崔荣熏组长对打造国际旅游城市政策措施的讲解，首尔研究院罗焘三博士对文化市民城市基本规划的介绍。同时，还设置来自韩国光云大学曲晓云教授的“中韩文化的异同”等课程。在培训形式上，灵活多样、方法科学。在5天的时间里，既有理论学习，又有现场考察和文化项目体验；既有老师讲课，又有学员提问、互动交流。共安排4次讲座、4次考察体验、2次交流讨论，日程安排紧凑，活动设置合理。在培训效果上，我感到，通过培训不仅对首尔市文化和旅游相关政策有了了解，也对韩国经济政治社会有了进一步的理解，开阔了视野、增长了见识，更促进了宾主双方相互了解，增进了彼此友谊。

二、首尔市打造文化市民城市政策措施特点和启示

作为韩国首都，首尔市大力实施韩国“文化立国”国策。2006年制定《蓝图2015，文化城市基本规划》，从文化艺术、文化空间、文化产业、文化福利、市民文化五个领域全面促进文化发展。从

2007年至2015年，复原了清溪川、建造了首尔广场和德寿宫步行街，新建博物馆、美术馆、剧场、图书馆的数量分别为33个、20个、218个、69个，分别增加29.7%、42.5%、76.2%、104.5%，文化环境和文化基础设施有了明显改善。但与之形成鲜明对比的是，市民文化享受和幸福程度并没有明显提升。2015年市民对文化环境满意度仅比2006年提高12%，文化观赏率依然徘徊在10%左右，远低于文化环境和文化基础设施提升幅度。为此，首尔在2013年以用文化提升市民幸福水平为方向，以如何改善每个市民生活的文化环境为重点进行了新一轮规划，着手启动《蓝图2030，文化市民城市规划》。这次培训班主要介绍了相关内容。

整个规划以市民自发性为基础，最终是要将首尔打造成文化市民城市，即对市民来说，文化活动成为日常活动；对艺术家等群体来说，文化活动成为生活；对游客来说，文化活动成为旅游魅力所在。具体可以从个人、社区、地区、城市四个层面理解。

（一）个人层面——建设保障所有市民文化权利的文化主权城市

目标有两个。一个是每个人的文化权利从宣言性变为实质性。一是夯实政策基础，包括组织1000名市民进行文化权利宣言，建立市民文化委员会，制定《市民文化权利条例》。二是落实《文化基本法》，实行文化影响评价制度。就是在制定各种规划和政策时，事先评价其对市民文化生活的影响。三是推进保障市民享有文化生活的“文化休假制”，减少额外工作和学习时间。提高工资水平，促进文化休闲消费。另一个是让市民从观众席走上舞台。一是鼓励民间乐团、艺术创作团队、社区媒体等文化团体发展。二是扩大文化艺术教育范围，保障所有市民都能接受到艺术教育，特别是提高儿童、青少年文化艺术课程设置比例。三是活跃街道、公园等日常生活空间的文化活动，增加市民体验文化的机会。四是实施市民走上舞台项目，对建设和运营的市民文化活动场所，提供相关设备、活动经费支持。

（二）社区层面——建设多种文化并存的文化共生城市

首尔的社区普遍存在一个或多个因共同文化爱好组成的文化共同体，不同共同体之间存在文化分化、文化冲突等问题。这一层面就是要增强共同体活动的同时强调包容性，形成多元文化并存的局面。一方面，提高社区文化共同体的主动分享能力。新建一批社区艺术创作室、社区生活文化中心，进一步开展文化志愿者服务，培育一批社区（文化）企业、文化合作组织，活跃社区文化共同体活动。在此基础上，建立文化资源共享中心，增强共同体之间的交流和分享，同时还增加图书馆等公共场所文化共享活动，扩展艺术家与市民共同创作空间。另一方面，强调文化的包容性。比如，制定《文化多样性条例》，允许不同文化主张存在。把九老、黎泰院等外国人聚居地打造成为多元文化地区。对青少年加强多元文化教育。

（三）地区层面——建设地区特征明显的文化特色城市

总的思路是依托现有文化资源，最大程度保护地区文化特征，完善文化基础设施。整个首尔分为文化资源密集区、文化景观消费区、产业文化区、多元文化区，每个区域都将文化特征作为城市规划、建设、管理的前提条件，避开单纯的再开发和再建等方式。比如，在文化资源密集区限制重新开发，新改建设施或建筑要与周围环境相协调，不能破坏当地特色和建筑环境。在此基础上，每个地区都要积极完善文化基础设施，扩大市民日常生活的文化空间。包括增加文化活动中心等设施，把1000个公园和森林加上文化元素转化为文化公园和文化森林，开辟1000个街道艺术舞台，对市民运营的文化设施进行补助等。最终形成随处可见的文化设施成为市民日常生活空间重要组成的格局。

（四）城市层面——建设以文化促发展的文化创造城市

这一层面是从整个首尔市的角度，推动文化资源优势转变为城市竞争力。首先是促进文化资源资产化。把历史文化看作市民公共财产，建立多种博物馆加以保护，推进汉阳都城、汉城百济文化申请世界文化遗产；把近代文化和现在市民生活文化看作未来文化财产，出台保护政策；加强市民对这些文化财产的感受度和保护参与度；推动文旅融合，促进文化资源产品化。其次是大力发展文创经济。扶持发展设计、服装、工艺、其他文化产品等文化创意产业发展；设立文化技术融合中心，促进现有制造业转型升级；培养各类文化创意人才。最后是营造适合创意人才和艺术家聚居的社会环境。完善保障艺术劳动和创作权益制度，为各类创意人才和艺术家提供创作场地、改善居住环境，并对杰出者给予奖励，每年还提供五千个以上公共文化工作岗位。

总体看，强调市民主体地位是《蓝图 2030，文化市民城市规划》最大的特点。具体表现在以下四个方面，一是“以人为本”的思想理念贯穿规划始终，如保障个人文化权利、强调文化共同体的包容性、扩大市民日常文化生活空间等。二是注重文化对市民日常生活的影响。所有政策都以增强市民文化享受、发挥市民主动参与作用、提高市民幸福满意度为出发点。三是保护文化的多样性和特殊性。这在社区和地区层面表现最为明显。四是体现政府与市民协作共治的原则。主要是建立市民文化委员会代表市民提出意见并监督规划实施，同时，设立首尔艺术家委员会、文化设施运营研讨会、自治区文化网络等市民共治组织。

《蓝图 2030，文化市民城市规划》的一些思路和做法值得我们借鉴。在下一步工作中，建议：一是更加注重公众文化获得感。继续优化我省文化环境和扩大基础设施覆盖面，同时注重提高设施的便利性，活跃各类文化活动，提高公众参与文化活动的能力和水平。特别是推进基层公共文化资源有效整合和统筹利用，提升基层公共文化设施建设、管理和服务水平。二是深入推进传统文化传承创新。保护传统文化资源，进一步研究阐发儒家文化，更要统筹资源，加快齐文化的研究工作。推动非遗资源创造性转化、创新性发展。提升齐鲁文化传播力和国际影响力。三是推进文化产业转型升级。采取多种措施，努力把文化产业发展成为国民经济支柱产业。实施“互联网+”和“文化+”发展战略，推动文化领域大众创业、万众创新，着力发展核心文化产业、创意文化产业。培育壮大文化市场主体，深化国有经营性文化单位改革，健全完善现代文化市场体系。

三、首尔打造国际旅游城市政策措施特点和启示

自1998年金融危机之后，首尔市就把旅游业作为促进经济发展的高附加值产业进行培育。近年来，为适应团体观光旅游向个人体验旅游转变的发展趋势，确定“世界人希望访问的城市，旅游幸福的首尔”的目标定位，着力打造国际旅游目的地。据首尔市旅游体育局统计，访问首尔的游客数从2011年781万人次增长到2015年1041万人次（其中，中国游客占45.2%，日本游客占13.9%），年均增长8%。总的来看，首尔打造国际旅游城市政策措施的特点有以下四个。

（一）深度挖掘利用各类资源，打造充满特色城市

与国内“旅游+”概念类似，首尔在发展旅游中特别注重各类优势资源的利用，促进融合发展，打造特色旅游项目，提升旅游品质。在利用不同资源的过程中呈现不同特点：一是利用自然资源注

重保护性开发，最具代表性的是汉江。2015 年出台恢复汉江自然性以促进观光资源化方案，保护是第一原则，目标是将汉江打造为如塞纳河和泰晤士河一样的旅游文化活动空间。汉江的自然性被称为“首尔的真正魅力所在”，2015 年一年就有 6000 万名游客访问了汉江。二是利用文化资源注重充分开发。以利用历史文化为例，在利用景福宫、德寿宫、汉阳都城城墙多处文化遗存打造旅游名胜的基础上，还结合这些文化遗存开发了大量历史文化展示活动和兴建了系列专题博物馆，对文化资源进行深度挖掘利用。例如，在德寿宫大汉门再现和演艺王宫守门将换岗仪式、城门开闭仪式、宫城行巡仪式等。在东大门建立了东大门历史馆，结合景福宫建立了博物馆，还有总统博物馆、民俗博物馆、泡菜博物馆、刺绣博物馆、出版博物馆等多处专题博物馆。博物馆内充分利用了多种声光电展示手段，游客可以感受时空穿越、与历史人物对话、亲临文化故事场景，成为具有吸引力的旅游景点。三是利用其他资源注重比较优势。最突出的是利用医疗美容行业发达的优势，推出医疗旅游。2015 年实施医疗旅游资助计划，从开发旅游路线、打造值得信赖的医疗环境、提高知名度、完善基础设施等方面打造医疗旅游目的地。

（二）完善旅游基础设施，打造便于旅行的城市

这方面特别注重细节。智慧旅游方面，2011 年启动“智能首尔2015”计划，实施 u－城市（u－首尔，即无所不在的首尔）项目，建立起包括高速宽带有线和无线网络全面覆盖的综合性网络。在此基础上，建立起比较完善的智慧旅游体系。一是旅游网站。一个是官方网站，有最核心的旅游资源，以及旅游的节庆活动信息，让游客全面了解首尔，了解首尔最具代表性的旅游资源和特色，并提供各种外语预约、预购等多种服务。另一个是深度旅游网站，适合自由行游客，主要提供深度旅游信息。比如，如何进行城市漫游，如何在山地滑雪、哪里有 SPA 温泉项目等，满足游客更高层次的需求。二是智能手机应用系统。基于智能手机平台，开发了“I Tour Seoul”应用服务系统，专为游客提供掌上移动旅游信息服务。游客可实时获得当前所在位置周边的各种相关旅游信息，如旅游景点、餐厅、酒店信息，为了便于游客理解，平台还提供外语服务。三是智能交通体系。通过站点的智能交通设备，游客可以了解到目的地都有哪些线路，大概走怎样的路程。针对自由行游客，电子屏还会提醒游客几点几分哪一班车从这里经过。游客通过扫二维码这些信息都可以在手机上显示，也可以了解从当前位置利用私家车、步行方式前往目的地的方法。在旅游咨询方面，一是完善标有各种外语的路标，计划 2018 年完成 64173 处。二是灵活设置旅游信息中心（咨询处）。目前，首尔有 13 处旅游信息中心（咨询处），多在繁华街道和景区。

此外，还根据旅游需求，开设移动问询处10个，有专门工作人员在游客较多的地方提供咨询服务。三是开设有解说员陪同的步行旅游路线，游客可以通过官方网站预约，由首尔旅游体育局选派解说员在一定路线上步行陪同解说，这项工作目前还在启动阶段。住宿设施方面，首尔将旅游住宿场所进行分类管理，按照旅游宾馆（291处）、民宿（837处）、旅馆和汽车旅馆（3034处）、青年旅馆（4处）四类设置管理办法。比如，对旅馆和汽车旅馆设置一定标准，对达到标准的由政府发放“GoodStay”标识牌；对民宿经营者进行安全教育、业务培训，并资助一些洗漱用品、被单等运营物品。

值得一提的是，首尔市把国际市场划分为中国、日本、东南亚、欧美四大地区，根据不同地区游客生活习惯、行为方式、兴趣爱好等分别策划旅游路线，打造旅游产品。比如，针对中国游客购物偏好，着重打造旅游商品线路。针对日本游客多为再次访问的实际，开发“隐藏”线路。

（三）实施全球化营销，打造吸引外国人城市

主要方式包括：一是利用全球媒体进行海外宣传。比如资助《世界旅游杂志》（首尔版）发行，与谷歌、百度等互联网媒体合作，在海外媒体投放广告等。二是在主要客源地进行旅游活动宣传。仅2015年，就在东京、西安、曼谷等六个城市举办海外旅游说明会，在柏林等七个城市参加了旅游交易展，首尔市市长朴元淳还在广州、北京等地进行街头旅游宣传。三是与国外企业共同合作营销，比如邀请一些中国旅行社负责人赴韩，建立合作关系，共同制定营销方案。四是利用“韩流”等文化资源进行宣传。借助娱乐明星和影视作品，宣传首尔“韩流”十大名胜；邀请明星代言，担任旅游宣传荣誉大使；在北京、上海等地建设“韩流”体验馆，提供旅游信息，吸引外国游客。

（四）培育会展经济，打造适合召开会展城市

2014年制定《2014—2018首尔旅游MICE总体规划》，提出2018年成为会展举办城市世界第三位的目标。为此推行了“首尔MICE产业培育计划”：一是扩建会展设施。包括扩建东南圈国际交流复合地区10万平米以上会展设施，打造中央博物馆、三光岛、会展中心等现有场地的独特魅力，到2018年，将首尔的中心地区打造成“市中心型会议地区”，到2020年，会展基础设施扩大至2014年的3倍。二是加强支援体系建设。设立专门组织，统筹安排国际性会议，协助主办方申请国际会展，提供会议所需要的的资讯和信息，对培训会展志愿者进行专业培训，帮助改善与提高会展服务质量。三是形成友善的旅游环境。为会展人员专门开发旅游线路，实施全民微笑活动，扶持优秀旅游产品，打击宰客行为，等等。

我省发展旅游应借鉴首尔充分利用各类资源、注重细节、多种方式开展国际营销、兴办会展旅游的做法。建议：一是推进“旅游+”，深入挖掘利用各类资源。最重要的是推进文旅融合发展，强化旅游的文化内涵，将文化渗透进旅游的各个环节。同时，注重利用和开发现代流行时尚文化，赋予传统旅游资源新的生命活力。还要挖掘比较优势资源，充分发挥旅游的融合能力，为相关产业和领域发展提供旅游平台，提升综合价值。二是细分市场，打造精品。针对不同游客需求细分市场，精心选择、规划和打造吸引满足不同游客的旅游景点和旅游产品。同时要优化旅游环境，注重服务细节，着力提升游客在旅游过程中的参与度、体验度和满意度。三是发展会展旅游。制订长期规划，完善配套硬件设施，兴建地方特色基础设施。积极争取国际性会展和赛事的承办权，巩固和发展各类综合型及专业型会展，推动区域集群化发展。培养专业化会展、商务旅游人才，整合会展资源，以会展促进旅游，以旅游带动会展。四是

积极开展国际营销。完善网络平台，扩大宣传面。鼓励旅游企业积极与国外旅游网站、国外旅游营销媒体合作，构建与游客的高效信息通道，继续发挥好国际旅游推介会、交易会等平台作用，整合经济、文化、科技等各方面资源，在经贸合作地、国际友好城市等地举办营销活动。

后　记

2016年，习近平总书记在哲学社会科学工作座谈会指出：要加强中国特色新型智库建设，建立健全决策咨询制度。当前，我国经济社会发展日益呈现多元化趋势，改革已经进入深水区和攻坚期，对公共政策决策咨询提出新的更高要求。各级党委和政府在推进治理体系和治理能力现代化的过程中，迫切需要建立更加科学有效的重点公共政策决策咨询长效机制，进一步提升重点公共政策决策的效率与科学性。组织开展重点公共政策决策咨询研究，是加快推进“国家治理体系和治理能力现代化”的重要抓手，是构建“中国特色新型智库”的必然要求，是提高地方党委和政府公共政策决策科学化水平、切实增强研究人员决策咨询能力的现实途径。

2014年11月，中共中央办公厅、国务院办公厅印发了《关于加强中国特色新型智库建设的意见》，这是我国第一个关于智库建设的纲领性文件。2015年9月，山东省委办公厅、省政府办公厅制定印发了《关于加强中国特色新型智库建设的实施意见》，提出重点加强落实政府信息公开制度、完善重大决策意见征集制度、建立政府购买决策咨询服务制度、建立智库成果传播推介机制、建立智库成果交流与运用机制、建立健全政策评估制度、建立政策研究咨询激励机制7个方面制度机制。山东省人民政府研究室是省政府重要的参谋咨询机构，是山东省新型智库联席会议成员单位，理应在推进公共政策决策咨询方面与“走在前列”目标相适应，推动全省政府研究室系统公共政策决策咨询和智库建设更上一层楼。

他山之石，可以攻玉。本书收录了2016年山东省人民政府研究室系统部分研究人员赴境外开展公共政策决策咨询研究的考察调研报告。在相关内容研究和书稿起草的过程中，我们还参考学习了国内外学术界已有的研究成果，并尽量以脚注的方式予以注明，在此，对原创作者的艰辛劳动表示衷心感谢。由于水平有限，时间仓促，不妥之处，恳请指正。

山东省人民政府研究室

2017年11月